国家级财务管理特色专业规划教材
江苏高校品牌专业建设工程资助项目
21世纪全国高等院校财经管理系列实用规划教材

财会技能实训

总主编　王冬冬
主　编　王远利
副主编　吴丽君　刘新杰
参　编　张阿曼　张媛媛　孙伯琦
　　　　张淑云　魏育红　戴理达
　　　　宁廷金　曹晓芳　戴　昕
　　　　李佰阳　赵海侠　宗　隽

内 容 简 介

本书以会计实务操作为依据,注重知识点、技能训练之间的互相关联,从填制原始凭证、登记会计账簿、编制会计报表到会计处理方法的技能讲解与实训都具有较强的应用性。本书共分5章,具体内容包括:出纳技能、凭证与建账技能、支付结算技能、财务报表编制与分析技能、技能训练。

本书适用于应用型普通高等院校财会专业学生实训使用教材,也可作为会计从业人士及企业财会技能的培训教材。

图书在版编目(CIP)数据

财会技能实训 / 王远利主编—北京:北京大学出版社,2017.10
(21世纪全国高等院校财经管理系列实用规划教材)
ISBN 978-7-301-28779-8

Ⅰ.①财… Ⅱ.①王… Ⅲ.①财务会计—高等学校—教材 Ⅳ.①F234.4

中国版本图书馆CIP数据核字(2017)第227454号

书　　名	财会技能实训
	Caikuai Jineng Shixun
著作责任者	王远利　主编
策划编辑	王显超
责任编辑	罗丽丽　刘　丽
标准书号	ISBN 978-7-301-28779-8
出版发行	北京大学出版社
地　　址	北京市海淀区成府路205号　100871
网　　址	http://www.pup.cn　新浪微博:@北京大学出版社
电子信箱	pup_6@163.com
电　　话	邮购部 62752015　发行部 62750672　编辑部 62750667
印　刷　者	北京溢漾印刷有限公司
经　销　者	新华书店
	787毫米×1092毫米　16开本　11.25印张　264千字
	2017年10月第1版　2020年 7 月第2次印刷
定　　价	28.00元

未经许可,不得以任何方式复制或抄袭本书之部分或全部内容。
版权所有,侵权必究
举报电话: 010-62752024　电子信箱: fd@pup.pku.edu.cn
图书如有印装质量问题,请与出版部联系,电话: 010-62756370

前　言

会计学是一门实践性较强的学科，只有掌握丰富的理论知识，具有较强的实际操作能力，才能成为社会需要的专业人才。本书是根据教育部应用型本科院校人才培养目标和社会对专业人才质量的要求而组织编写的。本书注重会计操作技能的训练，通过对本书的学习能较快地掌握会计操作技能，更好地胜任会计工作岗位。

本书具有以下特点。

（1）业务操作与模拟练习兼顾，操作性强。本书运用实例来讲解操作实务，并配有综合模拟练习，在注重理论讲解的同时兼顾动手能力的培养，具有较强的可操作性。

（2）内容新颖，适时性强。本书汲取了新准则、新法规及新程序等会计改革的新成果，并以新颖的方式进行讲解，更易于理解和接受，具有较强的适时性。

（3）取材真实，应用性强。本书中涉及的业务源于实际工作，从填制原始凭证、登记会计账簿、编制会计报表到会计处理方法的运用都真实准确，具有较强的应用性。

本书由王冬冬任总主编，王远利任主编，吴丽君和刘新杰任副主编，张阿曼等老师参加编写。在本书的编写过程中，编者得到了中国建设银行和国家税务局等单位的大力支持与帮助，在此深表感谢！

由于编者水平有限，书中难免存在不足，恳请广大读者批评指正。

编　者

2017 年 6 月

目　　录

第1章　出纳技能 1
　　1.1　点钞技能 2
　　1.2　验钞技能 6
　　1.3　保险柜技能 16
　　1.4　数字书写技能 19

第2章　凭证与建账技能 24
　　2.1　会计凭证 25
　　2.2　企业建账 41
　　2.3　对账、结账及错账更正 52
　　2.4　会计档案的保管及销毁 57

第3章　支付结算技能 59
　　3.1　支付结算方式简介 60
　　3.2　票据结算方式 63
　　3.3　票据结算之外的结算方式 79

第4章　财务报表编制与分析技能 91
　　4.1　财务报表概述 92
　　4.2　资产负债表 93
　　4.3　利润表 96
　　4.4　现金流量表 98
　　4.5　所有者权益变动表 107
　　4.6　财务报表分析 109

第5章　技能训练 118
　　技能训练（一）... 119
　　技能训练（二）... 121
　　技能训练（三）... 129
　　技能训练（四）... 136

技能训练（五） ··· 138
　　技能训练（六） ··· 142

附录 1　中华人民共和国会计法 ·· 147

附录 2　会计基础工作规范 ·· 154

附录 3　会计档案管理办法 ·· 167

参考文献 ·· 173

第 1 章 出纳技能

学习目标

通过本章的学习,了解点钞、验钞、保险柜使用及数字书写的基本理论;掌握点钞技能、验钞技能、保险柜技能以及阿拉伯数字和汉字的书写技能。

技能要求

正确掌握点钞手法,准确识别钞票真伪;熟练开启保险柜,规范书写阿拉伯数字和中文大写数字。

学习指导

本章是对出纳技能的介绍,出纳技能的掌握需要在理解相关理论知识的基础上实施技能操作。
本章的重点是保险柜的使用与日常管理、数字的规范书写。
本章的难点是阿拉伯数字和中文大写数字的规范书写。

1.1 点钞技能

点钞是出纳人员必须掌握的一项基本业务技能，一般分为手工点钞和机具点钞两种。出纳人员整理票币时，不仅要做到点数准确无误，还必须对损伤票币、伪造币及变造币进行挑拣和处理。既要保证点钞的速度，还应保证点钞的质量。

1.1.1 点钞的基本要求

整理清点票币是一项极为严肃的工作，必须严格地遵守操作步骤，认真地进行整理和清点，避免因疏忽大意造成经济损失。出纳在整理清点票币时应先整理票币再清点数量。

1. 点钞的基本步骤

出纳人员进行点钞时，应按以下程序进行操作，避免技术性失误。

1）准备工作

收到票币时，应保持桌面干净整齐，不得乱放其他杂物，尤其是现金，以避免出现混杂不清的情况。

2）按券别分类

出纳人员收到票据后，先按硬币和纸币分类，再按不同的面值分类。硬币应当码齐，纸币应当平放铺开。

3）整理票币

清分票币时，损伤券要挑出来，断裂的纸币可用纸粘好，但不得用大头针、回形针或订书针随意夹钉，对于破损严重难以辨认的损伤票币应予以退回，不便退回的应做成书面记录并由交款人确认，待送存银行时按照有关规定办理。对于伪造、变造的票币必须当场向有关当事人声明，同时予以退回或作作废处理，情节严重的，交相关部门处理。对于停止流通的票币应予以退回。挑净选好后，将票币墩好码齐，准备清点。

4）清点数量

出纳人员清点时，按券别由大到小，按一定的要求分开清点张（枚）数，进行一次初点。初点后，应采用不同的点钞方法再重点一次，核对无误后即可捆扎并写好数量。

5）计算金额

根据复点无误的数量与相应的票币面值进行计算，得出现钞的实有金额。最后统计并与收款依据核对金额，确认无误后收好现钞并出具收款单据，完成点钞工作。

2. 点钞的基本原则

对于出纳而言，点钞是一项经常而重要的工作，为避免或减少出现差错，点钞时应当遵循以下基本原则。

1）点准

票币整点的数量必须要准确无误，这是点钞工作的核心，由于现钞涉及直接的物质利益，因此整理清点时必须是当面点清，双方确认。

2）算对

票币的金额应当计算正确，收款依据（如合同、发票）的金额应当合计准确，两者必须一致。

3）挑净

出纳人员在挑选整理票币的过程中，必须以严格的标准将损伤券、变造币和伪造币挑选干净，防止鱼目混珠，对于辨认不清或存在疑问的票币，必须当场声明并做出处理。

4）码齐

票币在挑选整理和清点无误后，都应码齐整好，便于存放。

1.1.2 手工点钞方法

目前，虽然许多单位配备了点钞机，但由于种种原因，机器点完后，出纳人员往往还要用手工再行点验。这就要求出纳人员必须掌握一种或几种手工点钞方法。手工点钞方法很多，常用的主要有如下两种。

1. 手持式单指单张点钞法

手持式单指单张点钞法是最常用的点钞方法之一，使用此种点钞方法，可看到钞票的大部分，易于识别假币和挑出残票。缺点是一次记一个数，比较费力。其操作要领如下。

1）开扇

左手中指和无名指夹住钞票的一端，食指伸直托住钞票背面，大拇指轻按在钞票正面，将钞票呈半扇面形展开。

2）清点

左手大拇指指尖压在钞票侧面某一适当位置，右手大拇指在票上（相对于面部位置而言），食指、中指在票下，用右手大拇指指尖向下捻动钞票，每捻出一张，就用右手无名指将其弹拨下来，这样连续进行，并同时采用1、2、3…自然记数法。

2. 手持式扇面点钞法

把钞票捻成扇面形状进行清点的方法就称为手持式扇面点钞法。扇面点钞法最适合用于整点新券及复点工作，是一种效率较高的点钞方法。但使用这种点钞方法清点时往往只看票边，票面可视面极小，不便挑剔残破券和鉴别假票，不适用整点新旧币混合的钞券和旧券。其操作要如下。

1）持票拆把

钞券竖拿，左手拇指在票前，食指和中指在票后一并捏住钞券左下角约三分之一处，左手无名指和小指自然弯曲。右手拇指在票前，其余四指横在票后约二分之一处，用虎口卡住钞券，并把钞券压成瓦形，再用拇指勾断钞券上的腰条纸做开扇准备。

2）开扇

开扇也叫打扇面，是扇面点钞最关键的环节。扇面开的均匀与否，直接影响到点钞的准确性，因此扇面一定要开得均匀，即每张钞券的间隔要均匀。开扇有一次性开扇和多次开扇两种方法。

一次性开扇的方法是：以左手为轴，以左手的拇指和食指持票的位置为轴心，右手拇指用力将钞券往外推，右手食指和中指将钞券往怀里方向转过来然后向外甩动，同时左手拇指和食指从右向左捻动，左手捻、右手甩要同时进行。一次性开扇效率高，但难度较大，开扇时要注意左右手协调配合，右手甩扇面要用劲，甩动时左手拇指要放松，这样才能一次性甩开扇面，并使扇面开得均匀。

多次开扇的方法是：以左手为轴，右手食指和中指将钞券向怀里左下方压，用右手腕把钞券压弯，稍用力往怀里方向从右侧向左侧转动，转到左侧时右手将压弯的钞券向左上方推起，拇指和食指向左捻动，左手拇指和食指在右手捻动时略放松，并从右向左捻动。这样反复操作，右手拇指逐次由钞券中部向下移动，移至右下角时即可将钞券推成扇形面。然后双手持票，将不均匀的地方拉开抖开，钞券的左半部向左方抖开，右半部向右方抖开。这种开扇方法较前一种费时，但比较容易掌握。用这种方法开扇时要注意开扇动作的连贯性，动作不连贯，会影响整体点钞速度。

3）清点

清点时，左手持扇面，扇面平持但钞券上端略上翘使钞券略微倾斜，右手中指、无名指和小指托住钞票背面，右手拇指一次按下 5 张或 10 张钞券，按下的钞券由食指压住，接着拇指按下第二次，以此类推。与此同时左手应随着右手点数的速度以腕部为轴稍向怀里方向转动，用这种方法清点时，要注意拇指下按时用力不宜过大，一般按在钞券的右上角。从下按的张数看，如果出纳人员经验丰富，可一次下按 6 张、8 张、12 张、14 张、16 张等。

4）记数

采用分组记数法，一次下按 5 张即每 5 张为一组，记满 20 组为 100 张。一次下按 10 张即每 10 张为一组，记满 10 组即为 100 张，依此类推。

5）合扇

清点完毕即可合扇。合扇时，左手用虎口松拢钞券向右边压，右手拇指在前，其余四指在后，托住钞券右侧并从右向左合拢，左右手一起往中间稍用力，使钞券竖立在桌面上，两手松拢轻墩。

点钞完毕后需要对所点钞票进行扎把，通常是 100 张捆扎成一把，10 把捆扎成一捆，捆扎分为缠绕式捆扎和扭结式捆扎两种方法。

（1）缠绕式捆扎。

临柜收款时采用此法，需使用牛皮纸腰条，其具体操作方法如下：①将点过的钞票 100 张墩齐；②左手从长的方向拦腰握着钞票，使之成为瓦状（瓦状的幅度影响扎钞的松紧，在捆扎中幅度不能变）；③右手握着腰条头将牛皮纸从钞票的长的方向夹入钞票的中间（离一端 1/4～1/3 处），从凹面开始绕钞票两圈；④在翻到钞票转角处将腰条向右折叠 90 度，将腰条头绕捆在钞票的腰条转两圈打结。

（2）扭结式捆扎。

在考核及比赛中采用此法，需使用棉纸腰条，其具体操作方法如下：①将点过的钞票 100 张墩齐；②左手握钞，使之成为瓦状；③右手将腰条从钞票凸面放置，将两腰条头绕到凹面，左手食指、拇指分别按住腰条与钞票交界处，右手拇指、食指夹住其中一端腰条头，中指、无名指夹住另一端腰条头，并合在一起，右手顺时针转 180 度，左手逆时针转 180 度，将拇指和食指夹住的那一头从腰条与钞票之间绕过、打结。

3. 手工清点硬币方法

一般包括整理、清点、记数、包装几个步骤。清点硬币前，应首先将不同面值的硬币分类码齐排好，一般五枚或十枚为一垛。清点时可将硬币从右向左分组清点，清点完毕并复点无误后，即可计算金额，完成硬币清点工作。硬币清点完毕后，用双手的无名指分别顶住硬币的两头，用拇指、中指捏住硬币的两端，将硬币取出放入已准备好的包装纸的1/2处，再用双手拇指把里半部的包装纸向外掀起掖在硬币底部，用右手掌心用力向外推卷，然后用双手的中指、食指、拇指分别将两头包装纸压下贴至硬币，这样使硬币两头压三折包装完毕。

1.1.3 机具点钞

机具点钞可以提高工作效率，极大降低出纳人员的工作强度，一般用于现金收支频繁的单位。机具点钞按其清点的对象不同，可以分为纸币点钞机和硬币清点器两种。

1. 纸币点钞机的使用

纸币点钞机的使用较为简单，但使用时应注意以下事项。

（1）将待点的钞票码好放在点钞机右侧，已点好的钞票放在左侧，避免清点时混淆。

（2）右手握住钞票，稍用力使钞票略成梯形并将钞票均匀散开，展平在送钞板上，展平时应使最上面的纸币最大面积与送钞轮接触（见图1.1），使点钞机点数时连续读数，同时左手挡在推钞板前准备接钞。

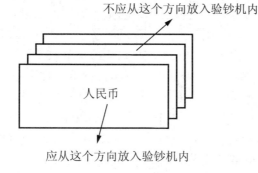

图 1.1 放钞方向指示图

（3）送钞时要用手帮助钞票依次下滑，避免出现双张。

（4）下钞时，目光应集中在送钞带上，注意钞票之间有无纸张，发现后应及时挑出。

（5）如点钞机带有验钞功能，在点钞时发现伪钞，应在取出伪钞后，复位继续清点。

（6）钞票清点完毕之后，再复点一遍，看有无掉张漏记，无误后可墩好码齐，结束清点。

2. 硬币清点器的使用

硬币清点器的使用，应注意以下事项。

1）破卷

双手持待清点的成卷硬币，放在刀槽内至右向左轻轻一拉，使包装纸卷破开，顺势将硬币放入清点器币槽内，将包装纸退出准备点数。

2）点数

双手拇指推动清点器手柄，使活动卡齿向前运动，将成卷硬币按五枚一组前后错开位置,通过目测完成点数。点数完毕,双手拇指放开,卡齿自动退回原位,硬币也回归原位,如有变形及伪币随时挑出。

3)封卷

与手工清点硬币方法下的包装方法即两头压三折包装相同。

1.2 验钞技能

人民币是我国的法定流通货币,在我国境内适用于一切经济业务的收支和结算,具有极强的支付能力。但少数不法分子受经济利益的驱动,从事伪造、贩卖假人民币的违法活动,严重扰乱了金融秩序,直接损害了国家和人民的切身利益。为了避免假币造成经济损失,出纳人员应掌握鉴别人民币真伪的方法,增强识别能力,在日常的现金收付工作中提高警惕,以保证现金收支的安全性。

1.2.1 人民币概况

中国人民银行是国家管理人民币的主管机关,负责人民币的设计、印制和发行。中国人民银行自1948年12月1日成立以来,至今已发行五套人民币,形成了包括纸币与金属币、普通纪念币与贵金属纪念币等多品种、多系列的货币体系。

1999年10月1日,为适应经济发展和市场货币流通的要求,在中华人民共和国建国50周年之际,根据中华人民共和国国务院第268号令,中国人民银行陆续发行第五套人民币。第五套人民币共八种面额:100元、50元、20元、10元、5元、1元、5角、1角。第五套人民币根据市场流通中低面额主币实际起大量承担找零角色的状况,增加了20元面额,取消了2元面额,使面额结构更加合理。第五套人民币采取"一次公布,分次发行"的方式。1999年10月1日,首先发行了100元纸币;2000年10月16日发行了20元纸币、1元和1角硬币;2001年9月1日,发行了50元、10元纸币;2002年11月18日,发行了5元纸币、5角硬币;2004年7月30日,发行了1元纸币。

第五套人民币继承了我国印制技术的传统经验,借鉴了国外钞票设计的先进技术。在原材料工艺方面做了改进,提高了纸张的综合质量和防伪性。固定水印立体感强、形象逼真。磁性微文字安全线、彩色纤维、无色荧光纤维等在纸张中有机运用,并且采用了电脑辅助设计手工雕刻、电子雕刻和晒版腐蚀相结合的综合制版技术。特别是在二线和三线防伪方面采用了国际通用的防伪措施,为专业人员和研究人员鉴别真伪,提供了条件。与第四套人民币相比,第五套人民币的防伪技能由十几种增加到二十多种,主景人像、水印、面额数字均较以前放大,便于群众识别。第五套人民币应用了先进的科学技术,在防伪性能和适应货币处理现代化方面有了较大提高。

第五套人民币各面额正面均采用毛泽东同志建国初期的头像,底衬采用了我国著名花卉图案,背面主景图案分别选用了人民大会堂、布达拉宫、桂林山水、长江三峡、泰山、杭州西湖。为提高第五套人民币的印刷工艺和防伪技术水平,经国务院批准,中国人民银行于2005年8月31日发行了第五套人民币2005年版100元、50元、20元、10元、5元纸币和不锈钢材质1角硬币。适应人民币流通的需要,2015年11月12日发行了第五套人民币 2015 年版 100 元纸币,提升了 100 元纸币的印制工艺与防伪技术水平。第五套人民币纸币概况见表 1-1。

表 1-1 第五套人民币纸币一览表

券 别	图案		主色调	发行时间
	正 面	背 面		
100 元纸币	毛泽东头像	人民大会堂	红色	1999.10.1
100 元纸币	毛泽东头像	人民大会堂	红色	2005.8.31
100 元纸币	毛泽东头像	人民大会堂	红色	2015.11.12
50 元纸币	毛泽东头像	布达拉宫	绿色	2001.9.1
50 元纸币	毛泽东头像	布达拉宫	绿色	2005.8.31
20 元纸币	毛泽东头像	桂林山水	棕色	2000.10.16
20 元纸币	毛泽东头像	桂林山水	棕色	2005.8.31
10 元纸币	毛泽东头像	长江三峡	蓝黑色	2001.9.1
10 元纸币	毛泽东头像	长江三峡	蓝黑色	2005.8.31
5 元纸币	毛泽东头像	泰山	紫色	2002.11.18
5 元纸币	毛泽东头像	泰山	紫色	2005.8.31
1 元纸币	毛泽东头像	西湖	橄榄绿	2004.7.30

1.2.2 第五套人民币纸币概况与防伪特征

第五套人民币纸币主要包括面值 100 元、50 元、20 元、10 元、5 元与 1 元,在防伪特征方面做出了较大的改进与调整,下面章节将基于纸币面值展开说明。

1. 壹佰元券概况与防伪特征

壹佰元券于 1999 年 10 月 1 日开始发行,票面特征:主色调为红色,票幅长 155mm,宽 77mm。票面正面主景为毛泽东头像,背面主景为"人民大会堂"图案。2005 年版第五套人民币 100 元纸币规格、主景图案、主色调、"中国人民银行"行名和汉语拼音行名、面额数字、花卉图案、国徽、盲文面额标记、民族文字等票面特征,固定人像水印、手工雕刻头像、胶印微缩文字、雕刻凹版印刷等防伪特征,均与现行流通的 1999 年版的第五套人民币 100 元纸币相同。

2005 年版的 100 元纸币与 1999 年版相比在防伪特征做了以下调整,如图 1.2、图 1.3 所示。

(1) 调整防伪特征布局。正面左下角胶印对印图案调整到正面主景图案左侧中间处,光变油墨面额数字左移至原胶印对印图案处。背面右下角胶印对印图案调整到背面主景图案右侧中间处。

(2) 调整以下防伪特征:①隐形面额数字,调整隐形面额数字观察角度。正面右上方有一装饰性图案,将票面置于与眼睛接近平行的位置,面对光源做上下倾斜晃动,可以看到面额数字"100"字样。②全息磁性开窗安全线,将原磁性微缩文字安全线改为全息磁性开窗安全线。背面中间偏右,有一条开窗安全线,开窗部分可以看到由微缩字符"¥100"

组成的全息图案,仪器检测有磁性。③双色异形横号码,将原横竖双号码改为双色异形横号码。正面左下角印有双色异形横号码,左侧部分为暗红色,右侧部分为黑色。字符由中间向左右两边逐渐变小。

(3)增加以下防伪特征:①白水印,位于正面双色异形横号码下方,迎光透视,可以看到透光性很强的水印"100"字样。②凹印手感线,正面主景图案右侧,有一组自上而下规则排列的线纹,采用雕刻凹版印刷工艺印制,用手指触摸,有极强的凹凸感。

(4)取消纸张中的红蓝彩色纤维。

(5)背面主景图案下方的面额数字后面,增加人民币单位元的汉语拼音"YUAN";年号改为"2005年"。

图 1.2　2005 年版 100 元纸币正面防伪特征

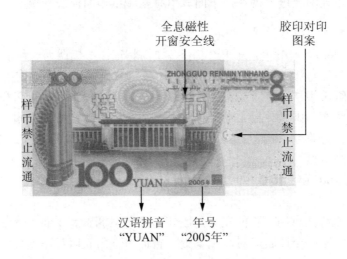

图 1.3　2005 年版 100 元纸币背面防伪特征

2015 年版第五套人民币 100 元纸币在保持 2005 年版第五套人民币 100 元纸币规格、正背面主图案、主色调、"中国人民银行"行名、国徽、盲文和汉语拼音行名、民族文字等不变的前提下,对部分图案做了适当调整,如图 1.4、图 1.5 所示。

（1）光变镂空开窗安全线。

位于票面正面右侧。垂直票面观察，安全线呈品红色，与票面成一定角度观察，安全线呈绿色；透光观察，可见安全中正反交替排列的镂空文字"¥100"。光变镂空开窗安全线线宽4毫米。磁性全埋安全线采用了特殊磁性材料和先进技术，机读性能更好。另外，光变镂空开窗安全线和磁性全埋安全线分别位于票面两边，也有利于防止变造人民币。

（2）光彩光变数字。

位于票面正面中部，印有光彩光变数字。垂直观察票面，数字"100"以金色为主；平视观察，数字"100"以绿色为主。随着观察角度的改变，数字"100"颜色在金色和绿色之间交替变化，并可见到一条亮光带在数字上下滚动。光彩光变技术是国际钞票防伪领域公认的前沿公众防伪技术之一，公众更容易识别。目前全世界已有包括中国、俄罗斯、欧元区在内的多个国家和地区的钞票采用了该技术。

（3）人像水印。

位于票面正面左侧空白处。透光观察，可见毛泽东头像。

（4）胶印对印图案。票面正面左下方和背面右下方均有面额数字"100"的局部图案，透光观察，正背面图案组成一个完整的面额数值"100"。

（5）横竖双号码。

票面正面左下方采用横号码，其冠字和前两位数字为暗红色，后六位数学为黑色；右侧竖号码为蓝色。由于人民币在使用过程中各部位磨损不同，单一号码会增大机具设备误判率。针对以上情况，新版100元纸币采用了横竖双号码，以达到防范拼接变造币和提高机具对钞票冠字号码识别准确率的目的。

（6）白水印。

位于票面正面横号码下方。透光观察，可以看到透光性很强的水印面额数字"100"。

（7）雕刻凹印。

票面正面毛泽东头像、国徽、"中国人民银行"行名、右上角数字、盲文及背面人民大会堂等均采用雕刻凹印印刷，用手指触摸有明显的凹凸感。

图1.4　2015版100元纸币正面防伪特征

图 1.5　2015 版 100 元纸币背面防伪特征

2. 伍拾圆券概况与防伪特征

于 2001 年 9 月 1 日开始发行，票面特征：主色调为绿色，票幅长 150mm，宽 70mm。票面正面主景为毛泽东头像，背面主景为"布达拉宫"图案。

2005 年版第五套人民币 50 元纸币规格、主景图案、主色调、"中国人民银行"行名和汉语拼音行名、面额数字、花卉图案、国徽、盲文面额标记、民族文字等票面特征，固定人像水印、手工雕刻头像、胶印微缩文字、雕刻凹版印刷等防伪特征，均与现行流通的 2001 年发行的 50 元纸币相同。

第五套人民币 50 元纸币的 2005 年版在以下防伪特征方面做出了改进，如图 1.6 所示。

（1）调整防伪特征布局。正面左下角胶印对印图案调整到正面主景图案左侧中间处，光变油墨面额数字左移至原胶印对印图案处。背面右下角胶印对印图案调整到背面主景图案右侧中间处。

（2）调整以下防伪特征：①隐形面额数字，调整隐形面额数字观察角度。正面右上方有一装饰性图案，将票面置于与眼睛接近平行的位置，面对光源做上下倾斜晃动，可以看到面额数字"50"字样。②全息磁性开窗安全线，将原磁性微缩文字安全线调整为全息磁性开窗安全线。背面中间偏右，有一条开窗安全线，开窗部分可以看到由微缩字符"¥50"组成的全息图案，仪器检测有磁性。③双色异型横号码，取消原横竖双号码中的竖号码，将横号码改为双色异形横号码。正面左下角印有双色异形横号码，左侧部分为暗红色，右侧部分为黑色。字符由中间向左右两边逐渐变小。

（3）增加以下防伪特征：①白水印，位于正面双色异形横号码下方，迎光透视，可以看到透光性很强的水印"50"字样。②凹印手感线，正面主景图案右侧，有一组自上而下规则排列的线纹，采用雕刻凹版印刷工艺印制，用手指触摸，有极强的凹凸感。

（4）取消纸张中的红蓝彩色纤维。

（5）背面主景图案下方的面额数字后面，增加人民币单位元的汉语拼音"YUAN"；年号改为"2005 年"。

图1.6　第五套人民币50元纸币防伪特征

3. 贰拾圆券

1999年版的贰拾圆券于2000年10月16日开始发行，票面特征：主色调为棕色，票幅长145mm，宽70mm。票面正面主景为毛泽东头像，背面主景为"桂林山水"图案。

2005年版第五套人民币20元纸币规格、主景图案、主色调、"中国人民银行"行名和汉语拼音行名、面额数字、花卉图案、国徽、盲文面额标记、民族文字等票面特征，固定花卉水印、手工雕刻头像、胶印微缩文字、双色横号码等防伪特征，均与现行流通的1999年版的第五套人民币20元纸币相同。

第五套人民币20元纸币的2005年版在防伪特征方面做出了以下改进，如图1.7所示。

（1）调整以下防伪特征：①雕刻凹版印刷，背面主景图案桂林山水、面额数字、汉语拼音行名、民族文字、年号、行长章等均采用雕刻凹版印刷，用手指触摸，有明显凹凸感。②隐形面额数字，调整隐形面额数字观察角度。正面右上方有一装饰性图案，将票面置于与眼睛接近平行的位置，面对光源做上下倾斜晃动，可以看到面额数字"20"字样。③全息磁性开窗安全线，将原安全线改为全息磁性开窗安全线。正面中间偏左，有一条开窗安全线，开窗部分可以看到由微缩字符"¥20"组成的全息图案，仪器检测有磁性。

（2）增加以下防伪特征：①白水印，位于正面双色横号码下方，迎光透视，可以看到透光性很强的水印"20"字样。②胶印对印图案，正面左下角和背面右下角均有一圆形局部图案，迎光透视，可以看到正背面的局部图案合并为一个完整的古钱币图案。③凹印手感线，正面主景图案右侧，有一组自上而下规则排列的线纹，采用雕刻凹版印刷工艺印制，用手指触摸，有极强的凹凸感。

（3）取消纸张中的红蓝彩色纤维。

（4）取消正面原双色横号码下方的装饰性图案；背面主景图案下方的面额数字后面，增加人民币单位元的汉语拼音"YUAN"；年号改为"2005年"。

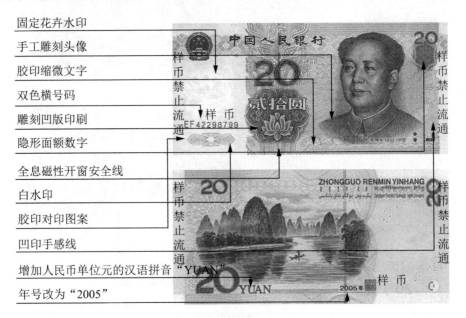

图1.7　第五套人民币20元纸币防伪特征

4. 拾圆券

于2001年9月1日开始发行，票面特征：主色调为蓝黑色，票幅长140mm，宽70mm。票面正面主景为毛泽东头像，背面主景为"长江三峡"图案。

2005年版第五套人民币10元纸币规格、主景图案、主色调、"中国人民银行"行名和汉语拼音行名、面额数字、花卉图案、国徽、盲文面额标记、民族文字等票面特征，固定花卉水印、白水印、全息磁性开窗安全线、手工雕刻头像、胶印微缩文字、胶印对印图案、雕刻凹版印刷、双色横号码等防伪特征，均与现行流通的1999年版的第五套人民币10元纸币相同。

第五套人民币10元纸币的2005年版在防伪特征方面做出如下改进，如图1.8所示。

（1）调整隐形面额数字观察角度。正面右上方有一装饰性图案，将票面置于与眼睛接近平行的位置，面对光源做上下倾斜晃动，可以看到面额数字"10"字样。

（2）增加凹印手感线。正面主景图案右侧，有一组自上而下规则排列的线纹，采用雕刻凹版印刷工艺印制，用手指触摸，有极强的凹凸感。

（3）取消纸张中的红蓝彩色纤维。

（4）背面主景图案下方的面额数字后面，增加人民币单位元的汉语拼音"YUAN"；年号改为"2005年"。

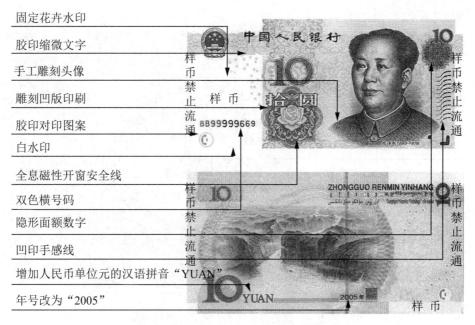

图 1.8　第五套人民币 10 元纸币防伪特征

5．伍圆券

于 2002 年 11 月 18 日开始发行，票面特征：主色调为紫色，票幅长 135mm，宽 63mm。票面正面主景为毛泽东头像，背面主景为"泰山"图案。

2005 年版第五套人民币 5 元纸币规格、主景图案、主色调、"中国人民银行"行名和汉语拼音行名、面额数字、花卉图案、国徽、盲文面额标记、民族文字等票面特征，固定花卉水印、白水印、全息磁性开窗安全线、手工雕刻头像、胶印微缩文字、雕刻凹版印刷、双色横号码等防伪特征，均与现行流通的 1999 年版的第五套人民币 5 元纸币相同。

第五套人民币 5 元纸币的 2005 年版在防伪特征方面做出如下改进，如图 1.9 所示。

（1）调整隐形面额数字观察角度。正面右上方有一装饰性图案，将票面置于与眼睛接近平行的位置，面对光源做上下倾斜晃动，可以看到面额数字"5"字样。

（2）增加凹印手感线。正面主景图案右侧，有一组自上而下规则排列的线纹，采用雕刻凹版印刷工艺印制，用手指触摸，有极强的凹凸感。

（3）取消纸张中的红蓝彩色纤维。

（4）背面主景图案下方的面额数字后面，增加人民币单位元的汉语拼音"YUAN"；年号改为"2005 年"。

6．壹元券

于 2004 年 7 月 30 日开始发行，票面特征：主色调为橄榄绿色，票幅长 130mm，宽 63mm，票面正面主景为毛泽东头像，背面主景为"杭州西湖"图案。

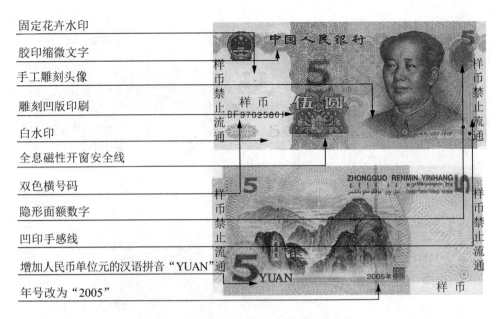

图 1.9 第五套人民币 5 元纸币防伪特征

1.2.3 识别真假人民币的方法

识别真假人民币一般有以下四种方法。

1. 眼看

用眼睛仔细观察票面的颜色、固定的人像水印、安全线、胶印缩印文字、红色和蓝色纤维、隐形面额数字、光变油墨面额数字、阴阳互补对印图案、横竖双号码等。人民币图案颜色协调，图案、人像层次丰富且富有立体感，人物形象表现传神，色调柔和亮丽。票面的水印立体感强，层次分明，灰度清晰。安全线和纸紧密黏合在一起并有特殊防伪标记。阴阳互补对印完整、准确。各种线条粗细均匀，直线、斜线及波纹线明晰、光洁。

2. 手摸

依靠手指触摸钞票的感觉来辨别人民币的真伪。人民币是采用特殊的材料，用专门的设备采用特殊的工艺专业印制，其手感光滑，厚薄均匀，坚挺有韧性，票面上的行名、盲文、国徽和主景图案一般采用凹版印刷工艺，用手轻轻触摸，有凹凸感，手感与摸普通纸感觉不同。

3. 耳听

通过抖动使钞票发出声响，根据声音来判别人民币真伪。人民币是采用专用特制纸张印制而成的，具有挺括、耐折、不易撕裂等特点，手持钞票用力抖动，手指轻弹或两手一张一弛轻轻对称拉动钞票，均能发出清脆响亮的声音，而假币纸张一般难以达到以上效果。

4. 检测

检测就是借助一些简单工具和专用仪器进行钞票真伪识别的方法。如借助放大镜来观察票面线条的清晰度、胶印缩微文字、凹印缩微文字等，用紫外灯光照射钞票，观察有色和无色荧光油墨印刷图案，纸张中不规则分布的黄、蓝两色荧光纤维，用磁性检测仪检测黑色横号码的磁性等。

1.2.4 假币的特征及处理方法

1. 假币的特征

1）伪造固定人像、花卉水印

假人民币伪造水印的方法有两种：一种是在纸张夹层中涂上白色浆料，迎光透视，水印所在位置的纸张明显偏厚。另一种是票面正面、背面或正背面同时使用无色或淡黄色油墨印刷类似水印的图案，该图案无须迎光透视也清晰可见，立体感较差。

2）伪造安全线

假人民币伪造安全线的方法主要有四种：第一种是在钞票表面，用深色油墨印刷一个线条来伪造全埋式安全线。第二种是在纸张夹层中，放置金属或聚酯类线状物来伪造全埋式安全线，该线状物与纸张结合较差，极易抽出，线上的缩微文字较为粗糙。第三种是使用双层纸张，在正面的纸张上，对应开窗位置留出断口，用以伪造全息开窗安全线，这种伪造的安全线与纸张结合较差，线表面无全息图案。第四种是用银色金属油墨间断地印刷在纸张表面或是采用烫金的方式在纸张表面间断地烫上金属膜来伪造全息开窗安全线，这种假安全线也无全息图案。

3）伪造雕版凹版印刷图案

假人民币的正背面主景图案大多是由细点或实线条组成，图案颜色不正，缺乏层次，明暗过渡不自然，特别是人像图案目光无神，发丝线条模糊，无凹凸感。但是，目前也发现有一部分假币在凹印图案部位涂抹胶水或压痕来模仿凹印效果。

4）伪造隐形面额数字

假人民币的隐形面额数字是使用无色油墨印刷而成的，图文线条与真币差别较大，而且即使与票面垂直角度观察也可以看到。

5）伪造胶印、凹印缩微文字

在放大镜下观察，假人民币的缩微文字模糊不清或文字不全。

6）伪造光变油墨面额数字

假人民币一般使用两种方式伪造光变面额数字：一种是用普通单色油墨平版印刷，无真币特有的颜色变换特征，用手触摸无凹凸感；另一种是使用珠光油墨印刷，其变色特征与真币有明显区别。如新版100元假币，使用绿色珠光油墨伪造光变油墨面额数字，虽有一定的光泽，但其线条粗糙，只有绿色珠光效应，无变色效果。

7）伪造有色、无色荧光图案

在紫外光下观察，假人民币要么没有有色、无色荧光图案，要么其颜色及亮度与真币有一定的差别。

2. 假币的处理方法

（1）出纳人员发现假币，应向银行和公安部门报告以便处理。

（2）出纳人员发现可疑票币而又不能辨别真伪的，应及时送人民银行或有关部门鉴定处理。

（3）金融机构的出纳部门对其业务活动中发现、截获的伪造币和变造币，或公安司法机构办案中缴获并转交来的伪造、变造币，均应当立即予以没收。

（4）在没收伪造、变造币时，除应在每张伪造、变造币的正反两面加盖"假币""变造币"戳记外，还应给持币人或解缴单位签发人民银行统一印制的"伪造、变造货币没收证"，加盖没收单位公章及经办人员名章。

（5）对伪造、变造币持有者，应追查来源，为公安司法部门侦破及处理伪造、变造币案件提供线索。

（6）出纳人员误收伪造、变造币被银行予以没收的，其经济损失由当事人等额赔偿，无法查明当事人的由出纳人员赔偿。如当事人出现多次误收，除等额赔偿外，应给予批评教育，甚至纪律处分。

加强人民币的防伪与反假工作事关中国经济的稳定发展和人民群众的切身利益。学习、执行国家有关法律、法规，严厉打击制贩假币的违法犯罪行为，协助做好人民币的管理流通工作，是每个公民应尽的责任。

1.3 保险柜技能

随着经济的发展，支付结算方式的多样化，票据及贵重物品的保管成为单位的一项重要工作。各单位均需配备专用保险柜，用于库存现金、有价证券、银行票据、印鉴等的保管，因此单位应加强对保险柜的管理。目前市面上的保险柜分为两种：机械传动密码保险柜和电子密码保险柜。

1.3.1 保险柜的安装与使用

1. 保险柜的安装

公安部《社会公共安全行业标准（GA 166—1997）》中对保险柜的安装有十分严格的规定，企业购置保险柜后应严格按照要求进行安装，安装时首先要认清是否具有国家法定检测机构出具的、规格型号相吻合的检验报告。其次为保证保险柜固定可靠，安装时必须将膨胀螺母中的锥销锤至螺母胀开胀紧，使螺母在墙孔中充分坚固，将保险柜紧固于混凝墙上。

2. 保险柜的使用

1）机械传动密码保险柜的开启

开启需用密码和钥匙。转动机械密码锁时，需要顺势缓转，同时记清方向及次数，如不慎超过标记线，不可倒回，必须重新开始。如上海"大王"牌保险柜的开启方法如下。

（1）开启号码盘锁。开启时先插入号码盘锁钥匙如图1.10所示，逆时针（向左）转动 180 度，开启号码盘锁。

（2）开启保险柜。开启时需转动密码盘，对准各组密码后开启。本锁的密码由四组号码组成，每组号码由 0～99 的数字组成，采用机械传动对码开启方式打开密码锁，对码的操作口诀为："顺四、逆三、顺二、逆一"，只要进行四次正确对码操作，就可以顺利开启密码锁。例如密码为：86-53-72-25，对码过程如图 1.11 所示。

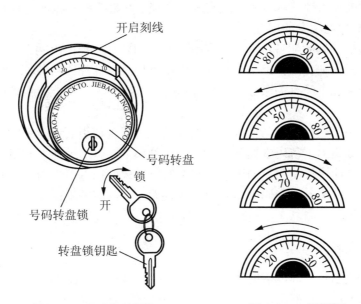

图 1.10　号码盘锁钥匙　　　　图 1.11　对码图示

第一次对码：顺时针（向右）转动号码盘，当密码号 86 第四次对准开启刻线时，停止转动。

第二次对码：逆时针（向左）转动号码盘，当密码号 53 第三次对准开启刻线时，停止转动。

第三次对码：顺时针（向右）转动号码盘，当密码号 72 第二次对准开启刻线时，停止转动。

第四次对码：逆时针（向左）转动号码盘，当密码号 25 第一次对准开启刻线时，停止转动，这时密码锁已被开启。

如果保险柜是有三组密码数字组成的密码锁，一般开启方法如下（如有不同，请以各产品说明书为准）：①顺时针旋转两圈以上，对准第一组密码；②逆时针旋转一圈以上两圈以内，对准第二组密码；③顺时针旋转一圈以内，对准第三组密码。假设密码锁的三组数码为（10）、（20）、（30），则：①无论标记线已对着任何数码，都需以顺时针方向右旋转两圈后再继续旋转使（10）第三次对准固定盘上面的标线，停止转动；②以逆时针方向旋转一圈后至两圈内再继续旋转使（20）第二次对准上面标记线，停止转动；③以顺时针方向旋转一圈以内使（30）第一次对准上面标记线，停止转动，此时密码锁开启完毕。三组数码对号完成后，密码锁不要再动，然后将钥匙伸入锁孔内右旋开锁，扭动手柄外拉即可打开柜门。需要注意的是转动号码盘时，每次对码不能忽左忽右转动，也不能多转或少转圈数，如有失误，都必须从第一步操作开始对码。

2）电子密码保险柜的开启

国内大部分电子保险柜开启办法如下。

①插入保险柜的主钥匙；②输入用户密码，显示屏会显示输入的密码（或者显示*）；③按"prong"或者"#"（见各产品说明书），此时密码锁开启完毕；④四位数码对号完成后，将钥匙伸入锁孔内右旋（或左旋）开锁，扭动手柄外拉即可打开柜门。

3）保险柜使用注意的问题

（1）保险柜钥匙的配备。保险柜要配备两把钥匙，一把由出纳人员保管，以供日常工作开启使用；另一把交由保卫部门封存，或由单位总会计师或财务处（科、股）长负责保管，以备特殊情况下经有关领导批准后开启使用，出纳人员不能将保险柜钥匙交由他人代为保管。

（2）保险柜密码的保管与使用。出纳人员应将保管使用的保险柜密码严格保密，不得向他人泄露，尽量缩小密码掌握范围，提高保险系数，以防被他人利用。出纳人员调动岗位，新出纳人员应更换使用新的密码。更换密码时最好在保险柜门打开的情况下进行，密码设置完毕后，应输入新密码操作几次，确认无误后，应关上保险柜门，抽出钥匙并按任意方向转动号码盘一圈以上，打乱密码，防止别人看到最后一组密码。

1.3.2 保险柜的日常管理

保险柜一般由总会计师或财务处（科、股）长授权，由出纳人员负责管理使用。保险柜只能由出纳人员开启使用，非出纳人员不得开启保险柜。如果单位总会计师或财务处（科、股）长需要对出纳人员的工作进行检查，如检查库存现金限额、核对实际库存现金数额，或有其他特殊情况需要开启保险柜的，应按规定的程序由总会计师或财务处（科、股）长开启，在一般情况下不得任意开启由出纳人员掌管使用的保险柜。

1. 保险柜的维护

保险柜应放置在隐蔽、干燥之处。一般应靠墙放置，注意通风、防湿、防潮、防虫和防鼠，保险柜外要经常擦抹干净，保险柜内应保持整洁卫生，存放整齐。企事业单位财务室必须安装防盗安全门、防盗窗和防盗报警器，防盗报警器必须与当地区域报警系统联网，报警器使用时，对内部的各开关及电子元件，不要随意调动，若发现声音变小，表明电池用完，应及时更换，若发生误报可将灵敏度适当调低。一旦保险柜发生故障，应到公安局指定维修点进行修理，以防泄密或失盗。

2. 财物存放的管理

每日终了后，出纳人员应将其使用的空白支票、印章等放入保险柜内。保险柜内存放的现金应设置和登记现金日记账，其他有价证券、存折、票据等应按种类造册登记，贵重物品应按种类设置备查账簿登记其质量、重量、金额等，所有财物应与账簿记录核对相符。按规定，保险柜内不得存放私人财物，另外保险柜内不要存放过多现金，确有需要，可将现金存入磁卡后放入柜内，以减少损失。切勿把说明书，应急钥匙锁入保险柜内。

3. 保险柜密码的更换

如果是机械传动密码保险柜，更换密码时，首先打开保险柜门后面的盖子，若是由3个数字组成的密码，会看到由三个铁片构成的密码锁，铁片上有螺丝和螺丝孔，保险柜的原理就是螺丝扣住铁片，带动铁片一起转，等三个铁片上的切口都对到插片对应的位置时密码锁就可以打开了，因此，只要更改螺丝的位置密码就会随之改变。若需更改密码，只需把既定螺丝换一个螺丝孔，密码就会改变，按保险柜的开法依次记住切口对应到插片的第一、第二、第三个数字，就是新的保险柜密码。

如果是电子密码保险柜（以各产品说明书为准），以永发电子密码防盗保险柜为例，其密码的设置与更改步骤如下：①按"#"键，显示屏黄屏点亮，并显示"--------"时，输入原始出厂密码或个人开启密码后，再按"#"键确认，听到蜂鸣器"嘀、嘀"二声后，显示"OPEN"并蓝屏点亮，表示密码正确；②在7秒钟内按下"※"键，进入密码修改状态，同时显示"--------"任意输入4～8位密码后，按"#"键确认，并显示"INTO"，表示密码设置或更改成功；新的个人密码设置完成，密码被储存，以后可用该密码直接打开门锁。

4. 保险柜被盗的处理

节假日满两天以上或出纳人员离开两天以上没有派人代其工作的，应在保险柜锁孔贴上封条，出纳人员到位工作后揭封，如发现封条被撕掉或锁孔被弄坏，应迅速向公安机关或保卫部门报告，以使公安机关或保卫部门及时查清情况，防止不法分子进一步作案。若出纳人员发现保险柜被盗，则应保护好现场，同时迅速报告公安机关（或保卫部门），待公安机关勘查现场后才能清理财物被盗情况。

1.4 数字书写技能

1.4.1 阿拉伯数字的书写技能

1. 阿拉伯数字的书写

阿拉伯数字是世界各国的通用数字，有0、1、2、3、4、5、6、7、8、9十个数码组成。会计上阿拉伯数字的书写有特定的书写要求如下。

（1）书写数字应自上而下，先左后右，一个一个认真地书写，不得连笔写，以免分辨不清。

（2）账表凭证上书写的阿拉伯数字应使用斜体，斜度大约以60°为准。数字高度约占账表凭证金额分位格的1/2，这样既美观又便于改错。

（3）除7和9上低下半格的1/4，下伸次行上半格的1/4除外，其余数字都应靠底线书写。

（4）0既不要写的太小（以防止将0改成6、8、9），也不要有缺口（以防止将0改成3）。

（5）1的下端应紧靠分位格的左下角。

（6）4的顶部不封口，书写时应上抵中线，下至下半格的1/4处，并注意中竖是最关键的一笔，斜度大约以 60° 为准。

（7）6 的上半部分应斜伸出上半格的 1/4 高度。

（8）写 8 时，上面要稍小，下面应稍大，注意起笔应成斜 S 型，终笔与起笔交界处应成棱角，以防止将 3 改成 8。

（9）账表凭证上的阿拉伯数字书写应从最高位起，后面各分位格数字必须写完整。

2. 阿拉伯数字的错误更正

阿拉伯数字写错需要更正时，应采用划线更正法进行更正，不论写错的数字是一个还是几个，都须把全部数字用一道红线划销，划销时必须使原来的错误字迹仍可辨认。在会计账簿中更正时，还应在划线更正处加盖记账人员的印章（图 1. 12），以保证数字的真实性和明确经济责任，然后再把正确的数字写在错误数字的上面。改错时不能只改错误的数字（图 1. 13），也不能在原数上任意刀刮、用橡皮擦、涂改、挖补、更不得用涂改液等药水销蚀，以免混淆不清。

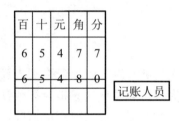

百	十	元	角	分
6	5	4	7	7
~~6~~	~~5~~	~~4~~	~~8~~	~~0~~

记账人员

图 1. 12 正确更正方法

百	十	元	角	分
			7	8
6	5	~~4~~	~~8~~	~~0~~

百	十	元	角	分
7	3	6		
~~6~~	~~5~~	~~4~~	8	0

图 1. 13 错误更正方法

1.4.2 中文大写数字书写技能

1. 中文大写数字的书写

1）用正楷体或行书字体书写

中文大写金额数字，主要是用于发票、支票、汇票、存单等各种重要凭证的书写，为了易于辨认，防止涂改，应一律使用正楷体或行书字体书写。如壹（壹）、贰（贰）、叁（叁）、肆（肆）、伍（伍）、陆（陆）、柒（柒）、捌（捌）、玖（玖）、拾（拾）、佰（佰）、仟（仟）、万（万）、亿（亿）、圆（元）、角（角）、分（分）、零（零）、整(正)等字样，不得用中文小写一、二、三、四、六、七、八、九、十等或两、毛、另（或

0)、园等简化字代替,不得任意自造简化字。

2)"人民币"与数字之间不得留有空位

有固定格式的重要凭证,大写金额栏一般都印有"人民币"字样,书写时,金额数字应紧接在"人民币"后面,在"人民币"与大写金额数字之间不得留有空位。大写金额栏没有印"人民币"字样的,应在大写金额数字前填写"人民币"三字。

3)数字前必须有数量词

大写金额"拾""佰""仟""万"等数位字前必须冠有数量词,"壹、贰、叁……玖"等不可省略。特别注意壹拾几的"壹"字,由于拾字代表的是数位而不是数量,前面不加"壹"字既不符合书写要求,又容易被篡改为贰拾几、叁拾几等。如￥150 000.00,大写金额应写为人民币壹拾伍万元整,而不能写为人民币拾伍万元整,这样书写既不规范,也很容易被篡改为人民币贰(叁……玖)拾伍万元整。此外在填写票据的出票日期时必须使用中文大写,为防止变造票据的出票日期,在填写月、日时,月为壹、贰和壹拾的,日为壹至玖和壹拾、贰拾和叁拾的,应在其前加"零"。拾日至拾玖日必须写为零壹拾日及壹拾×日,贰拾日至贰拾玖日必须写为零贰拾日及贰拾×日,叁拾日至叁拾玖日必须写为零叁拾日及叁拾×日。如1月15日,应写成零壹月壹拾伍日;又如10月20日,应写为零壹拾月零贰拾日。

4)"整或正"的用法

中文大写金额数字到"元"或"角"为止的,应在"元"或"角"后面写上"整"字;大写金额数字到"分"的,"分"后面不需要加"整"字。"整"字笔画较多,在日常书写时经常将"整"字写成"正"字,在中文大写金额数字的书写方面,这两个字的作用是一致的。

5)"零"的写法

在填写重要凭证时,为了增强金额数字的准确性和可靠性,需要同时书写小写金额和大写金额,且两者必须相等。当小写金额数字中有"0"时,大写金额应该怎样书写,要看"0"所在的位置。

对于小写金额数字尾部的"0",不管有一个还是有连续几个,大写金额到非零数位后,用一个"整(正)"字结束,不需用"零"来表示,即"尾部有零,直接加整"。如￥8.50,大写金额数字应写为人民币捌元伍角整;又如￥100.00,应写成人民币壹佰元整。

对于小写金额数字中间有"0"的,大写金额数字应按照汉语语言规律,金额数字的构成和防止被涂改的要求进行书写,举例说明如下。

(1)小写金额数字中间只有一个"0"的,大写金额数字要写"零"字,即"中间一个0,大写要加零"。如￥106.58,大写金额应写成人民币壹佰零陆元伍角捌分。

(2)小写金额数字中间连续有几个"0"的,大写金额数字只写一个"零"字,即"中间连续几个0,大写只写一个零"。如￥4 008.50,大写金额应写成人民币肆仟零捌元伍角整。

(3)小写金额数字元位是"0",或者数字中间连续有几个"0"元位也是"0",但角位不是"0",大写金额数字中只写一个"零",也可以不写"零",即"元位为0,角位不为0,大写写零与否可任选"如￥6 530.20,大写金额应写成人民币陆仟伍佰叁拾元零贰角整,或人民币陆仟伍佰叁拾元贰角整。又如￥8 000.20,大写金额应写成人民币捌仟元零贰角整，或人民币捌仟元贰角整。

（4）小写金额数字角位是"0"而分位不是"0"时，大写金额"元"字后必须写"零"字，即"角位是0，分位不为0，大写写零与否不可选"。如¥8 086.09，大写金额应写成人民币捌仟零捌拾陆元零玖分。

2. 中文大写数字书写常见错误

中文大写数字通常是在填写发票、支票等重要凭证时使用，一旦书写有误，一般应另行填写新的凭证，写错的凭证随即注销作废，但不要随便丢弃，应当妥善保管，书写时常见的错误见表1-2。

表1-2 中文大写数字书写常见错误对照表

小写金额	大写金额		
	正确写法	错误写法	错误原因
¥900.00	人民币玖佰元整	人民币玖佰元	少写一个"整"字
¥1 001.00	人民币壹仟零壹元整	人民币壹仟另壹元整	将"零"错写成"另"
¥15.01	人民币壹拾伍元零壹分	人民币壹拾伍元零壹分	少写一个"壹"字
¥15.01	人民币壹拾伍元零壹分	人民币壹拾伍元壹分	少写一个"零"字
¥1 070.40	人民币壹仟零柒拾元零肆角整	人民币壹仟零柒拾零元肆角整	零字用法不对
¥1 070.40	人民币壹仟零柒拾元零肆角整	人民币 壹仟零柒拾元零肆角整	"人民币"与第一个大写数字之间空位过大
¥1 070.40	人民币壹仟零柒拾元零肆角整	人民币：壹仟零柒拾元零肆角整	"人民币"后面多写了一个"："（冒号）
¥90 012 000.00	人民币玖仟零壹万贰仟元整	人民币玖仟万零壹万贰仟元整	多写了一个"万"字

3. 其他应注意的问题

1）关于人民币符号¥的使用

填制凭证时，小写金额前应冠以人民币符号"¥"，"¥"是人民币基本单元"元"的汉语拼音"YUAN"的缩写，"¥"既代表了人民币币制，又表示人民币"元"的单位，所以小写金额前填写了"¥"以后，金额数字之后就不必再写人民币单位"元"了。例如¥4 215.70，即为人民币肆仟贰佰壹拾伍元柒角整。书写小写金额数字时，在人民币"¥"与数字之间不得留有空位，以防金额数字被人涂改。

书写人民币符号"¥"，尤其是草写"¥"时，要注意应与阿拉伯数字有明显区别，特别应注意不要与阿拉伯数字的7或9混淆。

人民币符号"¥"主要应用于填写票证（发票、支票、存单等），在登记账簿、编制报表时，一般不能使用"¥"符号，因为在账簿或报表上使用"¥"符号，反而会增加错误的可能性。

2）关于金额角、分的写法

所有以元为单位的阿拉伯金额数字，除表示单价等情况外，一律写到角分。

（1）到元为止无角分的金额数字，角位和分为可写"00"或"—"代替。如人民币贰佰柒拾元整，应写成¥270.00，也可写成¥270.—。

（2）有角无分的金额数字，分位应写"0"，而不能用符号"—"代替。如人民币柒拾伍元捌角整，应写成¥75.80，而不能写成¥75.8 —。

 本章小结

　　本章主要讲授点钞、验钞、保险柜及数字书写等有关内容，基本要点如下。

　　（1）点钞。点钞是出纳人员必须掌握的一项基本业务技能，一般分为手工点钞和机具点钞两种。出纳人员进行点钞时，应按以下程序进行操作：准备工作，收到票币时，应保持桌面干净整齐，不得乱放其他杂物；按券别分类，出纳人员收到票据后，先按硬币和纸币分类，再按不同的面值分类，硬币应当码齐，纸币应当平放铺开；清理票币，挑出损伤券票币，墩好码齐，准备清点；按券别由大到小，按一定的要求分开清点张（枚）数，进行初点。初点后采用不同的点钞方法再重点一次，核对无误后即可捆扎并写好数量，计算金额。点钞的基本原则是：点准、算对、挑净、码齐。常用的手工点钞方法有手持式单指单张点钞法和手持式扇面点钞法。

　　（2）验钞。识别真假人民币一般有眼看、手摸、耳听、检测四种方法。

　　（3）保险柜技能。包括保险柜的安装与使用技能、保险柜的日常管理技能。保险柜安装应紧固于混凝墙上；机械传动密码保险柜开启需用密码和钥匙。保险柜应放置在隐蔽、干燥之处；每日终了后，出纳人员应将其使用的空白支票、印章等放入保险柜内；如果是机械传动密码保险柜，更换密码时，只要更改螺丝的位置；出纳人员发现保险柜被盗后应保护好现场，迅速报告公安机关（或保卫部门），待公安机关勘查现场后才能清理财物被盗情况。

　　（4）数字书写技能。包括阿拉伯数字的书写技能与中文大写数字书写技能。阿拉伯数字写错需要更正时，应采用划线更正法进行更正，不论写错的数字是一个还是几个，即把全部数字用一道红线划销，在会计账簿中更正时，还应在划线的一端加盖记账人员的印章。在书写大写数字时，用正楷体或行书字体书写，"人民币"与数字之间不得留有空位，数字前必须有数量词，中文大写金额数字到"元"或"角"为止的，应在"元"或"角"后面写上"整"字，大写金额数字到"分"的，"分"后面不需要加"整"字。当小写金额数字中有"0"时，大写金额应该怎样书写，要看"0"所在的位置。在填制凭证时，小写金额前应冠以人民币符号"¥"，所有以元为单位的阿拉伯金额数字，除表示单价等情况外，一律写到角分。

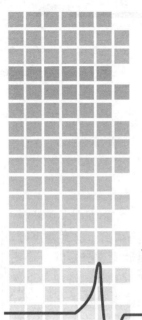

第 2 章

凭证与建账技能

学习目标

通过本章的学习，了解会计凭证的传递、整理和装订，会计账簿的内涵及分类。理解凭证的内涵、作用及种类，建账的内涵及原则。掌握原始凭证、记账凭证的填制和审核，企业建账的原则与方法，对账、结账、查账与错账的更正方法。

技能要求

熟练填制和审核原始凭证、记账凭证；能按建账的基本程序和方法进行建账，能运用正确的方法进行对账、结账和错账更正。

学习指导

本章是对建账概括性的论述，建账是以会计凭证、会计账簿等基础知识为依托，正确选择企业所需要的账簿种类、格式、内容及登记方法。

本章的重点是掌握建账的原则与方法。

本章的难点是如何正确运用建账的原则进行建账。

2.1 会计凭证

会计凭证是指具有一定格式，记录经济业务活动的发生和完成情况，明确经济责任的书面证明，也是登记账簿、进行会计监督的重要依据。

为了保证会计资料的客观、真实，当经济业务发生时，任何单位都必须由有关人员按照规定的程序和要求，取得或者填制具有法律效力的会计凭证，来证明经济业务执行或完成情况，以便如实地反映和监督经济活动，为登记账簿提供重要的依据。填制和审核会计凭证，既是会计核算工作的起点与基础，也是会计监督的重要内容。认真做好会计凭证的填制与审核工作，对于完成会计核算任务、发挥会计监督作用具有重要的意义。

会计凭证按其填制的程序和用途不同可以分为原始凭证和记账凭证两种。

2.1.1 原始凭证

原始凭证，又称原始单据，是用来记载和证明有关经济业务实际执行和完成情况，明确经济责任，具有法律效力的书面证明。《中华人民共和国会计法》（以下简称《会计法》）第十四条明确规定：办理各单位实际发生的经济业务事项，都必须填制或取得原始凭证并及时送交会计机构。因此，原始凭证是进行会计核算的原始资料，也是填制记账凭证的重要依据。

原始凭证按其来源不同，可以分为外来原始凭证和自制原始凭证。

1. 外来原始凭证

1）外来原始凭证的基本内容

外来原始凭证是指由业务经办人员在业务发生或者完成时从外单位取得的原始凭证，如购进货物时应由供应单位出具的发货票、付款时取得的收据等。无论哪一种原始凭证，都应当具备以下内容：

（1）凭证的名称。如"增值税专用发票"。

（2）凭证填制日期和经济业务发生日期。如"20××年12月1日"。

（3）填制凭证的单位名称或填制人姓名。如"党学"。

（4）经办人或责任人的签名或盖章。如"收款人：松柏，复核：李清"。这些经办人或责任人都要签名或盖章，他们需要对相关业务的真实性、合法性负责。

（5）接受凭证单位的名称。如"江安公司"。

（6）经济业务内容。如"泥料"。

（7）经济业务的数量、单价、金额。如"数量1 500千克、单价97元、金额145 500元"。

下面以对山西省增值税专用发票填制为例进行填空，见表2-1。

表2-1　山西省增值税专用发票

2600072140　　　　　　　　　　　发票联　　　　　　　　　　　No:02328865

开票日期××××年12月1日

购货单位	名　　称：江陵市江安工业制品公司 纳税人识别号：260069008650126 地址、电话：江陵市草桥路68号（68682262） 开户行及账号：工行　二环路支行 　　　　　　　　830016005680689	密码区	4<63*-5>0<653*+5+1*　加密版本：01 9>135>635*4>0<5\081\　2600072140 +6*568+3*56*5+686/>>　02328865 01-5006654898855>>69

货物或应税劳务名称	规格型号	单位	数量	单价	金额	税率	税额
泥料					145 500.00		24 735.00
	甲Ⅱ	千克	1 500	97.00		17%	
合　　计					¥145 500.00		¥24 735.00

价税合计 （大写）	⊗壹拾柒万零贰佰叁拾伍元整　　（小写）¥170 235.00

销货单位	名　　称：东环公司 纳税人识别号：260360078011022 地址、电话：三通路99号(56220026) 开户行及账号：工行 海洛路分理处 668745632167007	备注 300205565

收款人：松柏　　　　复核：李清　　　　开票人：党学　　　　销货单位：（章）

2）外来原始凭证的审核

（1）审核原始凭证所记录的经济业务是否真实。所谓真实，是指原始凭证所载内容确实客观地反映了本单位的经济业务状况。

具体的审核内容有：①整体看凭证票面。开出、接受原始凭证的单位以及填制、取得原始凭证的责任人是否真实，通过看"抬头"，看是否与本单位(或报账人)名称相同；凭证中的"财务签章"是否与原始凭证的填制单位名称相符，如为收据，是否有财政监制章，如为发票，是否有税务监制章；凭证表面是否有涂改、刮擦、挖补等现象，若在审核中发现不真实、不合法的原始凭证，有权不予受理，并向单位负责人报告；对记载不准确、不完整的原始凭证，予以退回，并要求按照国家统一的会计制度的规定更正、补充。原始凭证中有错误的，应当由出具单位重开或更正，更正处应当加盖出具单位印章；②反映经济业务的时间与填制凭证的日期是否真实。审核时特别注意原始凭证的日期与报账日期是否相近。③反映经济业务的内容是否真实。如购货业务凭证中所标明的货物名称、规格、型号与实际是否相符。④反映经济业务的数量、单价、金额是否真实。若审核时发现原始凭证数量、单价、金额不符的，应不予受理，退回重开。

（2）审核原始凭证所记录的经济业务是否合理、合法。审核原始凭证所反映的经济业务是否符合国家有关法规和有关制度等，有无违法违规行为、有无不合理及铺张浪费的情况、有无贪污及舞弊的情况。对于违规的原始凭证，会计人员应拒绝受理。特别注意以下几种情况。

①明显的假车票、假发货票等。会计人员应当对原始凭证的取得时间、印章等真假进行辨别；②虽然真实但制度不允许报销。如私人购置使用的物品及非因公出差的费用用公款报销等；③虽然可以报销，但制度对报销比例或金额有限制的，对超过规定比例和限额部分不予报销。

（3）审核原始凭证填写内容及手续是否完整、完备。审核原始凭证中的所有项目是否填列齐全；手续是否齐备；有关经办人员是否都已签名或盖章。在审核中如发现有原始凭证项目填列不全、手续不齐备、签名盖章有遗漏或不清晰、主管人员未批准等情况，会计人员应将该原始凭证退还经办人员，待其补办完整后再予受理。

在审核中，对于遗失的外来原始凭证，应当取得原开出单位盖有公章的证明，并注明已遗失凭证的号码、金额、内容等，由经办单位会计机构负责人、会计主管人员和单位领导人批准后，才能代作原始凭证。如果确实无法取得证明的，如火车票、轮船票、飞机票等凭证，由当事人写出详细情况，由经办单位会计机构负责人、会计主管人员和单位领导人批准后，代作原始凭证。对于经过行政机关批准的经济业务，批文是不可缺少的原始凭证。如果需要将批文抽出另行保管时，应当复印一份作为附件替换正式批文。

2. 自制原始凭证

1）自制原始凭证的基本内容

自制原始凭证是指由本单位有关经办部门或经办人员，在办理经济业务时填制的原始凭证，如"内部职工在领料时填制的领料单""支付职工工资所填制的工资单"等。自制原始凭证与外来原始凭证填制的内容大致相同，但也存在一定的差别，如领料单、工资单等就不需印有财政监制章或税务监制章。自制原始凭证应具备以下内容：

（1）凭证名称。如"领料单"。
（2）凭证填制日期和经济业务发生日期。如"2016年12月3日"。
（3）经济业务内容。如"领用甲材料"。
（4）经济业务的数量（一般包括实务量和价值量）。如"100千克、500元"。
（5）经济业务的当事单位或当事人。如"发料人：周华南"。
（6）责任单位和责任人。如"领料部门负责人：张岂明"。

以表2-2领料单为例，其填制如下所示。

表2-2　领　料　单

领用部门：一车间　　　　　　2016年12月3日　　　　　　　　编号：2003

用　　途	名　称	单　位	数量		金　额（元）	
			请领	实发	计划单位成本	总额
生产A产品	甲	千克	100	100	5	500
合　　　计			100	100	5	500

发料人：周华南　　记账：李记　　领料部门负责人：张岂明　　领料人：正刚

2）自制原始凭证的种类

自制原始凭证按其填制方法不同，可分为一次原始凭证、累计原始凭证、汇总原始凭证和记账编制凭证。

（1）一次原始凭证。是指填制手续是一次完成的，用以记录一项或若干项同类性质经济业务的原始凭证，如"领料单、发票"等。外来原始凭证和大部分自制原始凭证都属于一次原始凭证。

（2）累计原始凭证。是指在一定时期内连续记录若干项同类经济业务，期末按其累计数作为记账依据的自制原始凭证。特点是可以随时计算发生额累计数，便于同定额、计划和预算进行比较，达到控制费用支出的目的。主要适用于重复发生的经济业务，如"限额领料单"（表2-3）就是一种典型的自制累计凭证。

表2-3　限额领料单

领料单位：

用途：　　　　　　　　　　　　年　月　日　　　　　　　　　　发料仓库：

材料编号	材料名称及规格	计量单位	单价（元）	领料限额（公斤）	全月实领	
					数量（公斤）	金额（元）
领料日期	数量（公斤）			领料人	领料日期	数量（公斤）			领料人
	请领	实领	结存			请领	实领	结存	

供应部门负责人　　　　　　　　领料部门负责人　　　　　　　　仓库管理员

（3）汇总原始凭证。是指根据一定时期内反映同类经济业务的若干张原始凭证加以汇总而编制成的原始凭证。如根据一定期间的发料单汇总编制发料汇总表（表2-4）。

表2-4　发料汇总表

　　　　　　　　　　　　　　　　年　月　日　　　　　　　　　　　金额单位：元

发料日期	用途	1号仓库	2号仓库	3号仓库	4号仓库	5号仓库	合计
合计							

供应部门负责人　　　　　　　　保管员　　　　　　　　制表人

（4）记账编制凭证。是指会计人员根据账簿记录归类、整理后编制的原始凭证。如固定资产折旧计算表、制造费用分配表等。记账编制凭证与上述其他原始凭证主要不同之处在于：其他原始凭证一般是根据实际发生的经济业务编制的，而记账编制凭证则是根据账簿记录加以整理后编制的。

3）自制原始凭证的审核

（1）审核原始凭证所记录的经济业务是否真实。自制原始凭证上反映的应是经济业务的本来面貌，不应是伪造或者歪曲的事实，如不能把发放的奖金写成加班费。记账人员在复核时，如果发现或得知自制原始凭证反映情况不实，应向会计主管报告。

（2）审核原始凭证所记录的经济业务是否合法、合理。合法、合理的原始凭证应当符合国家及企业相关的法律法规。若会计人员发现不合法、不合理的原始凭证，应立即向会计主管报告，暂停登记到记账凭证及会计账簿上。

（3）审核原始凭证填写内容及手续是否完整、完备。凭证中项目是否填列齐全，是否有经办部门和经办人员的签章，主管人员是否已经审核、批准。如领料单上的原材料的规格、型号、数量、单价、金额等均应填写完整，领料人、发料人、记账、领料单位负责人是谁，应当一一记载，缺少任何一项，均是不完备的。

2.1.2 记账凭证

由于一个单位的经济业务是多种多样的，反映经济业务的原始凭证的格式和内容也是各不相同的，加之原始凭证一般都不能明确标明经济业务应记入的账户及其借贷方向，因此直接根据原始凭证登记账簿易发生差错。因此，在登记账簿之前需要对原始凭证加以归类整理，确定会计分录，编制记账凭证，据以登记入账。记账凭证是会计人员根据审核无误后的原始凭证或账簿记录进行归类、整理，并确定会计分录而编制的书面凭证，是用会计语言还原了原始凭证所要表达的经济内容，所以从原始凭证到记账凭证是经济信息转换成会计信息的过程，是一次质的飞跃。

1. 记账凭证的种类

按照不同的分类标准，记账凭证可分为不同的种类。

1）按其用途不同，分为专用记账凭证和通用记账凭证

（1）专用记账凭证。它是指按照经济业务的某种特定属性定向使用的记账凭证。该类记账凭证可分类反映经济业务的属性，分为收款凭证、付款凭证、转账凭证三种。收款凭证是指专门用于登记现金和银行存款收入业务的记账凭证，可分为现金收款凭证和银行存款收款凭证，分别根据有关现金和银行存款收入业务的原始凭证填制；付款凭证是指专门用于登记现金和银行存款支出业务的记账凭证，可分为现金付款凭证和银行存款付款凭证。不论收款凭证还是付款凭证，均是登记现金日记账、银行存款日记账以及有关明细账和总账等账簿的依据；转账凭证是指专门用于登记现金和银行存款收付业务以外的转账业务的记账凭证，根据有关转账业务的原始凭证填制，是登记有关明细账和总账等账簿的依据。专用记账凭证适用于那些业务比较复杂、业务量较多的单位。

（2）通用记账凭证。亦称标准凭证，它是指各类经济业务共同使用、具有统一格式的记账凭证。适用于那些业务比较单纯、业务量较少的单位。

2）按其填制方式不同，分为复式记账凭证、单式记账凭证和汇总记账凭证

（1）复式记账凭证。它是指将一项经济业务所涉及的会计科目都集中填列在一张记账

凭证上的记账凭证。复式记账凭证能够集中反映会计科目之间的对应关系，便于了解有关经济业务的全貌，还可以减少凭证的数量，但不便于汇总每一会计科目的发生额和进行分工记账。专用记账凭证、通用记账凭证均属于复式记账凭证。

（2）单式记账凭证。又称单项记账凭证，它是指将一项经济业务所涉及的每个会计科目分别填制的记账凭证。即在一张凭证上只填列每笔会计分录的一方科目，其对应科目只做参考，不据以记账。填列借方科目的称为借项记账凭证，填列贷方科目的称为贷项记账凭证，这样，每笔分录至少要填制两张单项记账凭证。使用单式记账凭证便于汇总每个会计科目的发生额，也便于进行分工记账，但填制工作量大，在一张凭证上反映不出经济业务的全貌，不便于查账。

（3）汇总记账凭证。它是指将许多同类记账凭证逐日或定期（3天、5天、10天等）加以汇总后填制的记账凭证。如将收款凭证、付款凭证或转账凭证按一定的时间间隔分别汇总，编制汇总收款凭证、汇总付款凭证和汇总转账凭证；又如将一段时间的记账凭证按相同会计科目的借方和贷方分别汇总，编制记账凭证汇总表（又称科目汇总表）等。

2. 记账凭证的基本内容

为了概括地反映经济业务的基本内容，满足登记账簿的需要，记账凭证必须具备下列内容（也称记账凭证要素）。

（1）凭证名称。如"收款凭证"（表2-5）、"付款凭证"（表2-6）、"转账凭证"（表2-7），或"记账凭证"（表2-8）。

表2-5 收款凭证

借方科目：　　　　　　　　　　　年　月　日　　　　　　　　　　　字第　号

摘要	会计科目		金　额									记账
	总账科目	明细科目	千	百	十	万	千	百	十	元	角	分	
合　计												

财务主管：　　　记账：　　　复核：　　　出纳：　　　制证：

附件　张

表2-6 付款凭证

贷方科目：　　　　　　　　　　　年　月　日　　　　　　　　　　　字第　号

摘要	会计科目		金　额									记账
	总账科目	明细科目	千	百	十	万	千	百	十	元	角	分	
合　计												

财务主管：　　　记账：　　　复核：　　　出纳：　　　制证：

附件　张

表 2-7　转 账 凭 证

年　月　日　　　　　　　　　　　　　　　　　　　　　字第　　号

摘要	总账科目	√	明细科目	√	借方金额									贷方金额							
					十	万	千	百	十	元	角	分	十	万	千	百	十	元	角	分
合　计																				

附件　张

财务主管：　　　　记账：　　　　复核：　　　　出纳：　　　　制证：

表 2-8　记 账 凭 证

年　月　日　　　　　　　　　　　　　　　　　　　　　字第　　号

摘要	总账科目	√	明细科目	√	借方金额									贷方金额							
					十	万	千	百	十	元	角	分	十	万	千	百	十	元	角	分
合　计																				

附件　张

财务主管：　　　　记账：　　　　复核：　　　　出纳：　　　　制证：

（2）记账凭证的填制日期。如"2016年3月15日"。

（3）经济业务内容摘要。如"收到宋宁的投资款"。

（4）凭证编号。应按月编制记账凭证的统一序号，如"收字第1号"。

（5）会计科目的名称及其记账方向。包括对应的一级科目和明细科目。因为我们采用的是复式记账法，所以每一笔经济业务发生后，都要以相等的金额在相对应的两个或两个以上的会计科目中进行反映。一级科目反映的是经济业务的总括情况，明细科目反映的是经济业务的详细情况。如"总账科目：实收资本，明细科目：宋宁"。

（6）金额。首先，按照借贷记账法的规则，每一笔经济业务的发生，其借方金额与贷方金额永远是相等的；其次，每一个一级科目下面的各明细科目金额之和，与该一级科目的金额是相等的，而且方向也是一致的。如"金额 1 000 000 元"。

（7）所附原始凭证的张数。每一张记账凭证（除结账、更正错账外）都应附有原始凭证。记账凭证所附原始凭证张数的计算原则是：没有经过汇总的原始凭证按自然张数计算，有一张算一张；经过汇总的原始凭证，每一张汇总单或汇总表算一张。如"附件1张"。

（8）记账标记。如打"√"，表示已经记账。

（9）有关责任人的签名或盖章。包括填制凭证人员、稽核人员、记账人员、会计机构负责人员、会计主管人员等签名或盖章。收付款的记账凭证还应由出纳人员签名或盖章。

如"财务主管:李伟;记账:周红;复核:刘伟;出纳:王晓;制证:张惠"。

(2)~(9)其填制情况见表2-9。

表2-9 收款凭证

借方科目:银行存款　　　　　2016年3月15日　　　　　收字第1号

摘要	会计科目		金额									记账	
	总账科目	明细科目	千	百	十	万	千	百	十	元	角	分	
收到宋宁的投资款	实收资本	宋宁		1	0	0	0	0	0	0	0	0	√
合　　计			¥	1	0	0	0	0	0	0	0	0	

附件1张

财务主管:李伟　　记账:周红　　复核:刘伟　　出纳:王晓　　制证:张惠

3.记账凭证的填制要求

1)种类、格式选用正确

应根据经济业务的性质确定选用何种记账凭证。若企业规模较大,收付款业务较多宜选用专用记账凭证;若企业规模较小,业务少宜选择通用记账凭证。若选择采用专用记账凭证,应视经济业务的类型来选择不同种类的专用记账凭证。若为收款业务应填制收款凭证,若为付款业务应填制付款凭证,若为收款、付款业务之外的业务,应选用转账凭证。但是,对于现金和银行存款之间及各种银行存款之间相互划转的业务,如从银行提取现金或把现金存入银行,要注意只填制付款凭证,不填制收款凭证,以免重复入账。

2)填制依据正确、无误

填制记账凭证必须以审核无误的原始凭证为依据。记账凭证可以根据每一张原始凭证填制,或者根据若干张同类原始凭证汇总填制,也可以根据原始凭证汇总表填制,但不同内容和类别的原始凭证不能汇总填列在一张记账凭证上。

3)日期填写恰当

记账凭证是在哪一天填制的,就写上哪一天,记账凭证的填制日期与原始凭证的填制日期可能相同,也可能不同,如发生的收付款业务要在业务发生当日记入日记账,所以填制收、付款凭证的日期应是收付货币资金的实际日期,与原始凭证所记载的日期不一定相同。银行付款业务,应填写财会部门开出付款单据或承付的日期。转账凭证是以收到原始凭证的日期作为填制记账凭证的日期,如分配利润应填写当月月末日期。一般而言,记账凭证应及时填制,但一般稍后于原始凭证的填制。

4)编号连续

记账凭证编号必须连续,不得跳号、重号。若采用专用记账凭证,记账凭证可以按现金、银行存款收款业务,现金、银行存款付款业务和转账业务三类分别编号,即收字第××号、付字第××号、转字第××号,也可以按现金收入业务、现金支出业务、银行存款收入业务、银行存款支出业务和转账业务五类进行编号,或者将转账业务按照具体内容再分成几类编号。无论采用哪一种编号方法，都应该按月顺序编号，即每月从 1 号编起，顺序编至月末。若一笔经济业务需要填制借贷完整的两张或者两张以上记账凭证的，应采用分数编号法，如第 11 笔转账业务分录需要填制借方和贷方完整的 3 张记账凭证，则编号为 $11\frac{1}{3}$ 号，$11\frac{2}{3}$ 号，$11\frac{3}{3}$ 号。若一笔业务所涉及的会计分录借贷方太多以致需要填制借贷方不完整的 2 张或者 2 张以上记账凭证时，不需要采用分数编号。

5）摘要填写简明、确切

摘要一栏是对经济业务的扼要说明，没有统一模式，但填写时既要简明，又要确切。对于收付款业务要写明收付款对象的名称、款项内容，使用银行支票的，还应填写支票号码；对于购买物资业务，要写明供应方名称及主要品种、数量；对于往来业务，应写明对方单位、业务经手人、业务发生时间等内容。溢缺事项应写明发生部门、原因及责任人；对于冲销或补充等更正差错事项，应写明"注销×月×日×号凭证"或"订正×月×日×号凭证"字样；几张记账凭证共用一张原始凭证时，可以将该原始凭证附在一张主要的记账凭证后面，应在未附原始凭证的记账凭证摘要栏内写明"原始凭证附在×号记账凭证后面"字样，或者附上该原始凭证的复印件。

6）会计科目和会计分录运用准确

记账凭证一般要求运用规定的会计科目按复式记账要求编制成会计分录，因此会计科目的使用必须正确，应写明全称，不得简写或只写编号而不写名称，不得用"…"符号代替。有二级明细科目的必须要写明，以便登记明细账。应借、应贷账户的对应关系必须清晰，如果某项经济业务本身需要编制一套多借多贷的会计分录，为了反映该项经济业务的全貌，不必人为地将该项经济业务所涉及的多借多贷会计科目分开。

7）金额栏数字的填写规范

记账凭证的金额必须与原始凭证的金额相等，金额的登记方向、大小写数字必须正确，符合数字书写规定。在填写金额数字时，阿拉伯数字书写要规范，应平行对准借贷栏次和科目栏次，防止错栏串行，并且需按行次逐项填写，不得跳行或留有空行。对记账凭证中的空行，应该划一条斜线或"s"形线注销，斜线应从金额栏最后一笔金额数字下的空行划到合计数行上面的空行，要注意斜线两端都不能划到金额数字的行次上。金额栏的数字要填写到分位，如果角、分位没有数字要写"00"字样，如 248.00 元，如果角位有数字，分位没有数字，则要在分位上写"0"字样，如 248.80 元。角位、分位与元位的位置应在同一水平线上，不得上下错开。每笔经济业务填入金额数字后，要在记账凭证的合计行填写合计金额，若一笔经济业务需填写多张借贷完整的需要用分数编号的记账凭证时，应在每张记账凭证的合计行填写合计金额，并在合计数额前填写人民币符号"￥"。若一笔经济业务需填写多张借贷不完整的不需用分数编号的记账凭证时，则需在借方和贷方结束的那张记账凭证进行借方金额和贷方金额的合计，借方科目或贷方科目未结束，不需进行合计，不是合计数，数额前不填写人民币符号"￥"。

8）所附原始凭证附件数量完整

除结账和更正错误外，记账凭证必须附有原始凭证，并注明所附原始凭证的张数。所附原始凭证张数的计算，一般以原始凭证的自然张数为准。与记账凭证中的经济业务记录有关的每一张原始凭证，都应当作为记账凭证的附件。如果记账凭证中附有原始凭证汇总表，则应该把所附的原始凭证汇总表的张数计入附件的张数内。若是报销差旅费等的零散票券，可将它们粘贴在一张纸上，作为一张原始凭证。一张原始凭证所列的支出需要由两个以上的单位共同负担时，应当由保存该原始凭证的单位开出原始凭证分割单给其他单位。原始凭证分割单必须具备原始凭证的基本内容，包括凭证的名称、填制凭证的日期、填制凭证单位的名称或填制人的姓名、经办人员的签名或盖章、接受凭证单位的名称、经济业务内容、数量、单价、金额和费用的分担情况等。

9）记账凭证的签章齐全

记账凭证填制完成后，需要由有关会计人员签名或盖章，以便加强凭证的管理，分清会计人员之间的经济责任，使会计工作岗位之间相互制约、互相监督。

4. 举例说明记账凭证的填制

1）收款凭证的填制

收款凭证应根据现金和银行存款收入业务的原始凭证填制。它是出纳人员办理收款业务的依据，也是会计人员登记现金、银行存款日记账以及其他相关账簿的依据。收款凭证的特点表现为表头所列科目为借方科目，以表2-9所示，在借贷记账法下，根据收入业务的经济性质，借方科目内应选填"银行存款"或"库存现金"科目；凭证上方的"年、月、日"处，填写财会部门受理经济业务事项制证的日期，如"2016年3月15日"；凭证右上角的"字第 号"处，填写"银收"或"收"字和已填制凭证的顺序编号，如"收字第1号"；"摘要"栏填写能反映经济业务性质和特征的简要说明，如"收到宋宁的投资款"；"贷方一级科目"和"二级科目"栏填写与银行存款或现金收入相对应的一级科目及其二级科目，如"总账科目：实收资本，明细科目：宋宁"；"金额"栏填写与同一行科目对应的发生额如"1 000 000"；"合计栏"填写各发生额的合计数，合计数额前应加人民币符号"¥"；对记账凭证中的空行，应该划一条斜线或"s"形线注销。凭证右边"附件 张"处需填写所附原始凭证的张数，如"附单据1张"；凭证下边分别由相关人员签字或盖章，如"财务主管：李伟；记账：周红；复核：刘伟；出纳：王晓；制证：张惠"。"记账"栏则应在已经登记账簿后画"√"符号，表示已经入账，以免发生漏记或重记错误。

2）付款凭证的填制

付款凭证应根据审核无误的有关现金和银行存款付出业务的原始凭证填制。对于现金和银行存款之间以及各种银行存款之间相互划转的业务，一般只填制一张付款凭证，如从银行取出现金备用，根据该项经济业务的原始凭证，只填制一张银行存款付款凭证（表2-10）。在借贷记账法下，付款凭证的填制方法与收款凭证大致相同，其区别只是将凭证的"借方科目"与"贷方科目"栏目交换位置；填制时先填写"贷方科目"的"库存现金"或"银行存款"科目，如"贷方科目：银行存款"。再填写作为与付出现金或银行存款相对应的一级科目和二级科目如"总账科目：库存现金"。

表 2-10 付 款 凭 证

贷方科目：银行存款　　　　　2016 年 2 月 15 日　　　　　付字第 1 号

摘要	会计科目		金　额									记账
	总账科目	明细科目	千	百	十	万	千	百	十	元	角	分	
从银行提取现金	库存现金					8	0	0	0	0	0	0	√
合　　　计					¥	8	0	0	0	0	0	0	

附件 1 张

财务主管：李伟　　记账：周红　　复核：刘伟　　出纳：王晓　　制证：张惠

3）转账凭证的填制

转账凭证应根据不涉及现金和银行存款转账业务的原始凭证填制。转账凭证的格式与收、付款凭证的格式不同之处在于：凭证左上角不设主体科目，而将经济业务对应的科目按先借后贷的顺序依次填入"总账科目"和"明细科目"栏目，借方科目反映的金额，记在与借方科目同行的借方金额栏内如"总账科目：原材料，借方金额×××"，贷方科目反映的金额，记在与贷方科目同行的贷方金额栏内如"总账科目：应付账款，贷方金额×××"；在合计栏内，借方金额应该等于贷方金额，转账凭证的编号是按"转字第×号"编制的，其他栏目的填写方法与收、付款凭证相同。

[例 2-1] 2016 年 2 月 20 日，A 公司从 B 公司购入甲材料一批，同时取得 B 公司开出的增值税专用发票，其上注明价款 10 000 元，增值税进项税额 1 700 元，材料已验收入库，货项尚未支付。会计人员根据审核无误的原始凭证填制转账凭证（表 2-11）。

表 2-11 转 账 凭 证

2016 年 2 月 20 日　　　　　　　　　　　　　转字第 1 号

摘要	总账科目	√	明细科目	√	借方金额							贷方金额						
					十万	千	百	十	元	角	分	十万	千	百	十	元	角	分
购买材料	原材料	√	甲材料	√	1	0	0	0	0	0	0							
	应交税费		应交增值税（进项税额）	√		1	7	0	0	0	0							
	应付账款	√	B 公司	√								1	1	7	0	0	0	0
合　　计					¥	1	1	7	0	0	0	0	¥	1	1	7	0	0	0	0

财务主管：李伟　　记账：周红　　复核：刘伟　　制证：张惠

4）通用记账凭证的填制

若选用通用记账凭证，需要将经济业务所涉及的会计科目全部填列在凭证内，借方在先，贷方在后，各会计科目所记应借、应贷的金额填列在借方金额或贷方金额栏内，借、贷方金额合计数应相等。制单人应在填制凭证完毕后签名盖章，并填写所附原始凭证的张数。

[例 2-2] 经济业务内容同 [例 2-1]，采用通用记账凭证见表 2-12。

表 2-12　记 账 凭 证

2016 年 2 月 20 日　　　　　　　　　　　　　　　　　　　　　　　转字第 1 号

摘要	总账科目	✓	明细科目	✓	借方金额								贷方金额							
					十万	万	千	百	十	元	角	分	十万	万	千	百	十	元	角	分
购买材料	原材料	✓	甲材料	✓		1	0	0	0	0	0	0								
	应交税费	✓	应交增值税 (进项税额)	✓			1	7	0	0	0	0								
	应付账款	✓	B 公司	✓										1	1	7	0	0	0	0
	合　　计				¥	1	1	7	0	0	0	0	¥	1	1	7	0	0	0	0

财务主管：李伟　　记账：周红　　复核：刘伟　　出纳：王晓　　制证：张惠

5. 记账凭证的审核

记账凭证是登记账簿的直接依据，由于记账凭证是根据经审核无误的原始凭证填制的，所以记账凭证的审核主要是对在此项经济业务原始凭证复核的基础上检查账务处理以及会计科目运用的正确性。其主要审核以下内容。

1）记账凭证内容与原始凭证是否相符

记账凭证所记录的经济业务的内容、金额与原始凭证是否一致。记账凭证与原始凭证两者所反映的经济业务内容应当一致。在有些情况下，记账凭证和原始凭证两者所反映的金额可能不等，如原始凭证金额超过报销标准的情况下，记账凭证只能按批准的报销金额填列，出纳人员也只能按批准的报销金额办理款项收付以及登记账簿。需特别注意的是当出现原始单据的金额与报销金额不一致时，必须在原始单据上由经办人注明"实际报销××元"字样，以明确经济责任。

2）摘要栏的填写是否清楚

摘要应当简洁、明确地表明原始凭证所反映的经济内容，在审核过程中应当注意摘要的填写是否得当、是否反映了经济业务的原貌。

3）会计科目运用正确与否

应审核应借、应贷的会计科目（包括二级或明细科目）使用是否恰当、对应关系是否清晰。

4）记账凭证中有关项目的填写是否完整

在记账凭证上有关的项目必须填写完整，如金额，附件×张均需填写。手续必须完备，如财务主管、记账、出纳、制证人员的签名或盖章是否齐全、填写是否符合规范、字迹是否清楚。

5）记账凭证所附原始凭证是否符合要求

按照规定，每张记账凭证必须附有原始凭证 (除结账和更正错误情况除外)，记账凭证不附原始凭证是不符合要求的。若发现这种情况,应立即查明原因并进行处理。所附原始凭证应完整,记账凭证上填写的张数应与实际所附原始凭证的张数相符。

6)复核发现问题的处理

复核中如果发现问题,应及时处理,包括补办手续、补填内容或拒绝办理等,若发现会计人员不能处理的情况,应及时向主管人员报告。

6. 记账凭证填写差错的更正

记账凭证出现错误的原因有两类:一类是因原始凭证错误引起的记账错误;另一类是填制记账凭证时发生错误,包括摘要错误、科目运用错误、金额填写错误等。

1)原始凭证错误

由于原始凭证错误,若还未登记账簿,应立即责经办人退回填制单位或填制人更正或补填,制证人员将根据更正或补填的原始凭证填制记账凭证。若已经登记入账的,不能够将错误的原始凭证抽出,应责经办人补填原始凭证,按照补填的正确原始凭证选择补充登记法(应用于其他各项没有错误、只有所记金额少于应计金额的情况)或者红字更正法(应用于一般性的各种错误,方法为收到正确的原始凭证后,用红字填写一张与原记账凭证完全相同的记账凭证,以示冲销原记账凭证,再用蓝字填写一张正确的记账凭证,并据以记账,进行更正)。

2)记账凭证错误

如果在填制记账凭证时发生差错,凡是没有登记账簿的,应由制证人员重新填制。已经登记入账的记账凭证,在当年内发现填写错误时,可以用红字填写一张与原内容相同的记账凭证,在摘要栏注明"注销某月某日某号凭证"字样,同时再用蓝字重新填制一张正确的记账凭证,在摘要栏注明"订正某月某日某号凭证"字样。如果会计科目没有错误,只是金额错误,也可以将正确数字与错误数字之间的差额,另编一张调整的记账凭证,调增金额用蓝字,调减金额用红字。发现以前年度记账凭证有错误的,应当用蓝字填制一张更正的记账凭证。需注意的是由于各单位在记账凭证的填制、编号、装订及登记账簿的顺序、时间、做法不一,因此在更正记账凭证错误时,应相应地调整记账凭证的编号、装订和汇总。

2.1.3 会计凭证的传递、整理和装订

1. 会计凭证的传递

会计凭证的传递,是指各种会计凭证从填制、取得至归档保管为止的全部过程,即在单位内部有关人员和部门之间传送、交接的过程。为了能够利用会计凭证,及时反映各项经济业务,提供会计信息,发挥会计监督的作用,必须正确、及时地进行会计凭证的传递,不得积压。正确组织会计凭证的传递,对于及时处理和登记经济业务,明确经济责任,实行会计监督,具有重要作用。从一定意义上讲,会计凭证的传递在单位内部经营管理各环节之间起着协调和组织的作用。会计凭证传递程序是企业管理规章制度的重要组成部分,传递程序科学与否,说明该企业的管理程序科学与否。

2. 会计凭证的整理

因为记账凭证所附的原始凭证种类繁多,所以为便于日后的装订和保管,在填制记账

凭证时应对附件进行必要的加工整理，将票据修剪整齐。

原始凭证的纸张面积与记账凭证的纸张面积不可能完全相同，有时前者大于后者，有时前者小于后者。对于过宽过长的附件，应进行纵向和横向的折叠，折叠后的附件外形尺寸，不应长于或宽于记账凭证，同时还要便于翻阅。附件本身不必保留的部分可以裁掉，但不得因此而影响原始凭证内容的完整。过窄过短的附件，不能直接装订时，可先按一定次序和类别排列，证票应分张排列，同类、同金额的单据应尽量粘在一起，同时，在一旁注明张数和合计金额。如果是板状票证，可以将票面票底轻轻撕开，厚纸板弃之不用，粘贴于特制的原始凭证粘贴纸上，然后再装订粘贴纸。原始凭证粘贴纸的外形尺寸应与记账凭证相同，纸上可先印一个合适的方框，各种不能直接装订的原始凭证，如汽车票、火车票等，都应按类别整齐地粘贴于粘贴纸的方框之内，不得超出。粘贴时应横向进行，从右至左，并应粘在原始凭证的左边，逐张左移，后一张原始凭证的右边压在前一张原始凭证的左边，每张附件只粘右边的 0.6～1 厘米长，成"鱼鳞状"粘牢（图 2.1）。粘好以后要捏住记账凭证的右上角向下抖几下，看是否有未粘住或未粘牢的。最后还要在粘贴单的空白处分别写出每一类原始凭证的张数、单价与总金额。

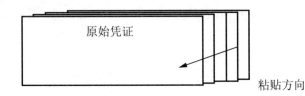

图 2.1 原始凭证粘贴方向

有的原始凭证不仅面积大，而且数量多，可以单独装订，如工资单、领料单等，但在记账凭证上应注明保管地点。原始凭证附在记账凭证后面的顺序应与记账凭证所记载的内容顺序一致，不应按原始凭证的面积大小来排序。会计凭证经过上述的加工整理之后，就可以装订了。

3. 会计凭证的装订

会计凭证的装订是指把定期编制好整理完毕的会计凭证按照编号顺序，外加封面、封底、装订成册，并在装订线上加贴封签。

在封面（表 2-13）上，应写明单位名称、年度、月份、记账凭证的种类、起讫日期、起讫号数以及记账凭证和原始凭证张数，并在封签处加盖会计主管的骑缝图章。如果采用单式记账凭证，整理装订时必须保持会计分录的完整，应按凭证号码顺序还原装订成册，不得按科目归类装订。对各种重要的原始单据以及各种需要随时查阅和退回的单据，应另编目录，单独登记保管，并在有关的记账凭证和原始凭证上相互注明日期和编号。凭证的装订质量，是会计人员工作质量好坏的重要标志。装订时既要求美观又要便于翻阅，所以应设计好装订册数及每册的厚度，一本凭证一般以 1.5 厘米至 2.0 厘米为宜，太厚不便于翻阅，太薄则不利于戳立放置，同时要防止偷盗和任意抽取，因此须采取正确的装订方法以保证凭证的安全、完整。

表 2-13 会计凭证封面

自 年 月 日到 月 日止		第 册 共 册	
凭证名称	起止号数		凭证张数
×××凭证	自第 号至第 号		

会计主管人员　　　　装订员　　　年　月　日装订

以角订法为例，装订的具体步骤如下。

（1）封面和封底裁开，分别附在凭证的正面和背面，再用一张质地相同的纸（我们将它叫作护角纸），大小为凭证封面的一半，与封面左上角对齐放置。用夹子夹住护角纸，在凭证的左上角画一条长为 5 厘米的等腰三角形，用装订机或转头在上面均匀地打两个眼儿，直至底页（图 2.2）。

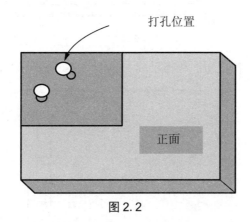

图 2.2

（2）用大针引线穿过两个眼儿（图 2.3），并在凭证的背面打结，线绳最好在凭证中端系上。

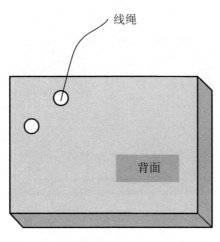

图 2.3

（3）将护角纸向左上侧折，并将一侧剪开至凭证的左上角，然后抹上胶水（见图2.4）。

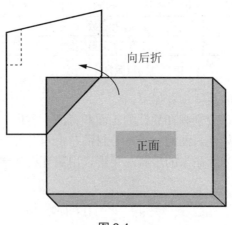

图 2.4

（4）折叠，并将侧面和背面的线绳粘死（见图2.5、图2.6）。

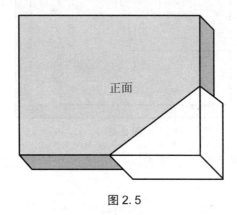

图 2.5

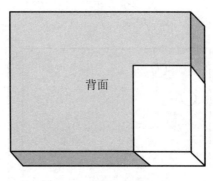

图 2.6

待晾干后，在凭证本的脊背上面写上"某年某月第几册共几册的字样"。装订人在装订线封签处签章。凭证装订完毕后，不能轻易拆开抽取。如需外调查证，只能复印，并且须经本单位领导批准，在专设的备查账簿上登记，再由提供人员和收取人员共同签名盖章。

需要注意的是粘贴时须用胶水粘贴附件,不要用大头针别上,以防铁氧化后脱落,也不要用面糊做成的糨糊粘贴,以防老鼠将凭证啃掉。

2.2 企业建账

建账是指会计人员根据《会计法》和国家统一会计制度的规定,结合本企业所在的具体行业要求和将来可能发生的会计业务情况,确定会计账簿种类、格式、内容及登记方法的过程。因此在介绍企业建账之前,我们有必要先了解一下会计账簿的相关内容。

2.2.1 会计账簿的内涵及内容

会计账簿,简称账簿,是按照会计科目开设账户,由具有一定格式而又联结在一起的若干账页组成的,以会计凭证为依据,用以全面、系统、序时、分类地记录和反映经济业务的簿籍。一般应具备以下内容。

(1)封面。封面主要标明单位名称和账簿名称,如总分类账、材料物资明细账等。

(2)扉页。扉页主要列明科目索引及账簿使用登记表。

(3)账页。账页根据其反映的经济业务不同,具有多种格式。一般包括:账户名称(一级科目、二级科目或明细科目)、登账日期栏、凭证种类和号数栏、摘要栏(对经济业务作简要说明)、金额栏(记录经济业务的增减变动和现状,一般是借方金额、贷方金额及余额栏)、总页次和分账户页次等。

2.2.2 账簿的种类

账簿的种类很多,为便于了解和使用,必须对账簿进行分类。

1. 按用途分类

会计账簿按用途分类,可分为序时账簿、分类账簿和备查账簿。

1)序时账簿

序时账簿又称日记账,是指按照经济业务发生的先后顺序,逐日逐笔登记的会计账簿。序时账簿有两种,一种是用来登记全部经济业务的序时账簿,称为普通日记账;另一种是用来登记某一类经济业务的序时账簿,称为特种日记账。各个单位对库存现金和银行存款收付业务使用的序时账簿便是特种日记账,即库存现金日记账和银行存款日记账。

2)分类账簿

分类账簿又称分类账,是指对各项经济业务进行分类登记的会计账簿。按反映内容详细程度的不同,分类账簿分为总分类账簿和明细分类账簿。总分类账簿简称总账,是根据一级会计科目设置的,总括反映全部经济业务和资金状况的账簿;明细分类账簿是根据二级或明细科目设置的,详细记录某一大类中某一种经济业务增减变化及其结果的账簿,是对总账的补充和具体化,并受总账的控制和统驭。

3)备查账簿

备查账簿又称辅助账簿,是指对某些在序时账簿和分类账簿中未能记载或记录不全的经济业务进行补充登记的会计账簿。建立备查账簿可以对核算与管理提供必要的参考资料，如租入固定资产登记簿、委托加工材料登记簿等。辅助账簿一般没有固定格式，与其他账簿之间不存在依存和勾稽关系。

2. 按外表形式分类

会计账簿按外表形式分类，可分为订本式账簿、活页式账簿和卡片式账簿。

1）订本式账簿

订本式账簿又称订本账，是指在账簿启用前将编有顺序号的一定数量的账页装订成册的会计账簿。这种账簿可以防止账页的抽换，但不便于分工记账。一般具有统驭性和重要性的账簿，如银行存款日记账、库存现金日记账和总分类账等，都采用订本式账簿。

2）活页式账簿

活页式账簿是指在启用和使用过程中，把一定数量的账页置于账夹内，可根据记账内容多少的变化，随时增加或减少账页的会计账簿。适用于各种明细分类账户的登记，这种账簿有利于分工记账，但账页容易散失和被抽换，为了克服这一缺陷，已经登记的账页要及时编号，并由记账人员和会计主管签章。

3）卡片式账簿

卡片式账簿是指利用具有账页格式的硬纸卡进行登记的账簿。适用于财产物资的实物登记，可跨年度使用。这种卡片作为账页不加装订存放于卡片箱中保管，同样发挥账簿的功能。固定资产登记卡片、低值易耗品登记卡片都属于此类账簿。

3. 按账页格式分类

会计账簿按账页格式分类，可分为借贷余三栏式账簿、收发存三栏式账簿和多栏式账簿。

1）借贷余三栏式账簿

借贷余三栏式账簿是指设有借方、贷方、余额三个栏次的会计账簿。适用于只需进行金额核算而不进行非金额数量核算的总分类账以及债权、债务结算账户的核算登记。

2）收发存三栏式账簿

收发存三栏式账簿又称数量金额式账簿，是指账页设有收入、发出、结存三大栏，每个专栏又分为数量与金额的会计账簿。适用于既需进行金额核算又需进行数量核算的原材料、产成品等账户的明细分类核算。

3）多栏式账簿

多栏式账簿是根据经济业务的特点和经营管理的需要，在一张账页内按有关明细科目或明细项目分设若干专栏，用以在同一张账页集中反映各有关明细科目或明细项目的核算资料。按明细分类账登记的经济业务不同，多栏式明细分类账页又分为借方多栏、贷方多栏和借贷方均多栏三种格式。

（1）借方多栏式明细分类账的账页格式适用于借方需要设多个明细科目或明细项目的账户，如"制造费用"等科目的明细分类核算。

（2）贷方多栏式明细分类账的账页格式适用于贷方需要设多个明细科目或明细项目的账户，如"营业外收入"等科目的明细分类核算。

（3）借方贷方多栏式明细分类账的账页格式适用于借方贷方均需要设多个明细科目或明细项目的账户，如"本年利润"科目的明细分类核算。

2.2.3 账簿的启用与登记

1. 启用账簿规则

账簿是重要的会计档案，为了确保账簿记录的规范和完整，明确记录责任，在启用账簿时，应在账簿封面上写明单位名称和账簿名称。在账簿扉页上应附"账簿使用登记表"或"账簿启用表"，其内容包括：启用日期、账簿页数、记账人员和会计主管人员姓名、并加盖人名章和单位公章。记账人员或会计人员调动工作时，应注明交接日期、接办人员和监交人员姓名、由交接双方签章。明确有关人员的责任，确保会计账簿记录的严肃性。

启用订本式账簿，对于有印刷顺序号的账簿，应从第一页到最后一页顺序编订页数，不得跳页、缺号。使用活页式账页，应按账页顺序编号，并须定期装订成册。装订后再按实际使用的账页顺序编定页数，另加目录，标明每个账户的名称和页次。

2. 登记账簿规则

登记账簿是会计核算的中心环节，单位发生的各项经济业务，首先是通过会计凭证反映，但由于会计凭证数量多且分散，不能全面、连续、分类地反映企业在一定时期内发生的全部经济业务，无法满足经济管理的要求。因此，只有通过账簿记录，才能把会计凭证所提供的大量且分散的会计资料加以归类整理，综合反映会计信息。进行账簿登记，总的原则是：第一，必须以已审核无误的会计凭证为依据，并符合国家统一会计制度的规定。第二，登记时间要及时，总账应按本单位采用的账务处理程序及时登记，现金日记账和银行存款日记账应随时登记。

1）账簿登记要准确、完整

登记会计账簿时，应当将会计凭证日期、编号、业务内容摘要、金额和其他有关资料逐项记入账簿内，做到数字准确、摘要清楚、登记及时、字迹工整。每一项会计事项，一方面要记入有关的总账，另一方面要记入该总账所属的明细账。账簿记录中的日期，应该填写记账凭证上的日期，以自制的原始凭证如收料单、领料单等作为记账依据的，账簿记录中的日期应按有关自制凭证上的日期填列。登记账簿要及时，但对各种账簿的登记间隔应该多长，《会计基础工作规范》未作统一规定。一般来说，需视本单位所采用的具体会计核算形式而定。

2）账簿登记要清晰、整洁

在登记书写时，不得滥造简化字，不得使用同音异义字，摘要文字紧靠左线。数字要写在金额栏内，不得越格错位、参差不齐。文字、数字字体大小适中，紧靠下线书写，上面要留有适当空距，一般应占格距的1/2左右，以备发现错误时按规定的方法更改。记录金额时，如为没有角分的整数，应分别在角分栏内写上"0"，不得省略不写，或以"——"号代替。阿拉伯数字一般可自左向右适当倾斜，以使账簿记录整齐、清晰。为防止字迹模糊，墨迹未干时不要翻动账页；夏天记账时，可在手臂下垫一块软质布或纸板等书写，以防汗浸。登记发生错误时，必须按规定方法更正，严禁刮、擦、挖、补，或使用化学药物清除字迹。

财会技能实训

3）账簿记录要连贯

各种账簿应按页次顺序连续登记，不得跳行、隔页。如果发生跳行、隔页，不得随意涂改，更不得随便更换账页或撤出账页。作废的账页也要留在账簿中，如果发生跳行、隔页，应当将空行、空页划红对角线注销，加盖"作废"字样，或者注明"此行空白""此页空白"字样，并由记账人员签章。对订本式账簿，不得任意撕毁，对活页式账簿不得任意抽换账页。

为了保持账簿记录的连续性和衔接性，每一账页登记完毕结转下页时，应当结出本页合计数和余额，写在本页最后一行和下页第一行有关栏内，并在摘要栏内注明"过次页"和"承前页"字样。对"过次页"的本页合计数的计算，一般分三种情况：需要结计本月发生额的账户，结计"过次页"的本页合计数应当为自本月初起至本页末止的发生额合计数；需要结计本年累计发生额的账户，结计"过次页"的本页合计数应当为自年初起至本页末止的累计数；既不需要结计本月发生额也不需要结计本年累计发生额的账户，可以只将每页末的余额结转次页。

4）账簿记录要规范

登记完毕后，要在记账凭证上签名或者盖章，并注明已经登账的符号如"√"，表示已经记账，以免发生重记或漏记。此外在会计的记账书写中，要注意数字的书写颜色。数字的书写颜色是重要的要素之一，它同数字和文字一起传达出会计信息。如同数字和文字错误会表达错误的信息一样，书写时墨水的颜色用错了，其导致的概念混乱不亚于数字和文字错误。登记账簿要用蓝黑墨水或者碳素墨水书写，不得使用圆珠笔（银行的复写账簿除外）或者铅笔书写，特殊记账使用红墨水。下列情况，可以用红色墨水记账：①按照红字冲账的记账凭证，冲销错误记录；②在不设借贷等栏的多栏式账页中，登记减少数；③在三栏式账户的余额栏前，如未印明余额方向的，在余额栏内登记负数余额；④根据国家统一会计制度的规定可以用红字登记的其他会计记录。在这几种情况下使用红色墨水记账是会计工作中的惯例。

2.2.4 建账应考虑的问题

1. 与企业业务量相适应

企业规模与业务量是成正比的，规模大的企业，业务量大，会计账簿需要的品种也多；企业规模小，业务量也小，会计账簿品种也少。有的企业，一个会计可以处理所有的经济业务，就没有必要设许多种类的账簿，所有的明细账合成一两本就可以了。

2. 依据企业管理需要

建立账簿就是为了满足企业管理的需要，为管理提供有用的会计信息，所以在建账时应以满足管理需要为前提，避免重复设账、记账。

3. 依据账务处理程序

企业业务量的大小不同，所采用的账务处理程序也不同。企业一旦选择了账务处理程序，也就选择了账簿的设置，如果企业采用的是记账凭证账务处理程序，企业的总账就要根据记账凭证序时登记，就要准备一本序时登记的总账。

2.2.5 建账的基本原则

1. 建账必须遵循的基本原则

1) 依法原则

各单位必须按照《会计法》和国家统一的会计制度的规定设置会计账簿,包括总账、明细账、日记账和其他辅助性账簿,不允许不建账,不允许在法定的会计账簿之外另外建账。

2) 全面系统原则

设置的账簿要能全面、系统地反映企业的经济活动,为企业经营管理提供所需的会计核算资料,同时要符合各单位生产经营规模和经济业务的特点,使设置的账簿能够反映企业经济活动的全貌。

3) 组织控制原则

设置的账簿要有利于账簿的组织、建账人员的分工,有利于加强岗位责任制和内部控制制度,有利于财产物资的管理,便于账实核对,以保证企业各项财产物资的安全完整和有效使用。

4) 科学合理原则

建账应根据不同账簿的作用及特点,使账簿结构做到严密、科学,有关账簿之间要有统驭或平行制约的关系,以保证账簿资料的真实、正确和完整;账簿格式的设计及选择应力求简明、实用,以提高会计信息处理和利用的效率。

2. 总账建账的原则

总账是根据一级会计科目(亦称总账科目)开设的账簿,用来分类登记企业的全部经济业务,提供资产、负债、所有者权益、费用、收入和利润等总括的核算资料。总账建账主要遵循以下原则。

(1) 科目名称应符合国家统一会计制度的规定。总账科目名称应与国家统一会计制度的规定一致。总账具有分类汇总记账的特点,为确保账簿记录的正确性、完整性,企业应根据自身行业特点和经济业务的内容建立总账,其总账科目名称应与国家统一会计制度规定的会计科目名称一致。

(2) 总账格式选择应依据账务处理程序的需要。总账的格式主要有三栏式、多栏式(日记总账)等,企业可根据本企业会计账务处理程序的需要自行选择总账的格式。

(3) 总账外表形式一般应采用订本式账簿。为保护总账记录的安全完整,总账一般应采用订本式账簿。实行会计电算化的单位,用计算机打印的总账必须连续编号,经审核无误后装订成册,并由记账人员、会计机构负责人、会计主管人员签字或盖章,以防丢失散落。

3. 明细账建账的原则

明细账通常根据总账科目所属的明细科目设置,用来分类登记某一类经济业务,提供有关的明细核算资料。明细账是形成有用会计信息的基本程序和环节,借助于明细账可以对经济业务信息或数据做进一步的加工整理。明细账的建账原则主要有:

(1) 科目名称应符合会计制度规定和企业管理需要。会计制度对有些明细科目的名称做出了明确的规定,对有些则只规定了设置的方法和原则,对于有明确规定的,企业在建账时应按照会计制度的规定设置明细科目的名称,对于没有明确规定的,建账时应按照会计制度规定的方法和原则,以及企业管理的需要设置明细科目。

(2)明细账格式应根据财产物资管理的需要。明细账的格式主要有三栏式、数量金额式和多栏式,企业应根据生产物资管理的需要逐笔登记,或者逐日或定期汇总登记。一般情况下,固定资产、债权债务等账应逐笔登记,产成品、原材料等明细账可逐笔,也可逐日汇总登记;业务收入、费用开支等明细账可逐笔,也可逐日或定期汇总登记。

(3)明细账外表形式一般采用活页式账簿。明细账采用活页式账簿,主要是使用方便、便于账页的重新排列和记账人员的分工。但是活页账的账页更容易散失和被随意抽换,因此使用时应按顺序编号并装订成册,注意妥善保管。

4.日记账建账的原则

日记账又称序时账,是按经济业务发生时间的先后顺序逐日逐笔进行登记的账簿。根据财政部《会计基础工作规范》的规定,各单位应设置现金日记账和银行存款日记账,以便逐日核算与监督现金和银行存款的收入、付出和结存情况。日记账的建账主要遵循以下原则。

(1)账页格式的选择应符合企业管理需要。现金日记账和银行存款日记账的账页一般采用三栏式,即借方、贷方和余额三栏,并在借贷两栏中设有"对方科目"栏。如果收付款凭证数量较多,造成篇幅过大,还可以分设现金(银行存款)收入日记账和现金(银行存款)支出日记账。

(2)日记账外表形式必须采用订本式账簿。现金和银行存款是企业流动性最强的资产,为保证账簿资料的完全、完整,现金日记账和银行存款日记账必须采用订本式账簿,不得用银行对账单或其他代替日记账。

5.备查账建账的原则

备查账是一种辅助账簿,是对某些在日记账和分类账中未能记载的会计事项进行补充登记的账簿。备查账建账主要遵循以下原则。

(1)备查账设置根据会计制度规定和企业管理需要。并不是每个企业都要设置备查账,而应根据管理的需要来确定,但是对于会计制度规定必须设置备查账的科目,如"应收票据""应付票据"等,必须按照会计制度的规定设置备查账簿。

(2)备查账格式应由企业自行确定。备查账没有固定的格式,与其他账簿之间也不存在严密的勾稽关系,其格式可由企业根据内部管理的需要自行确定。

(3)备查账外表形式一般采用活页式账簿。为使用方便,备查账一般采用活页式账簿,与明细账一样,为保证账簿的安全、完整,使用时应按顺序编号并装订成册,注意妥善保管,以防账页丢失。

2.2.6 新设工业企业如何建账

工业企业是指那些专门从事产品的制造、加工、生产的企业,所以也有人称工业企业为制造业。当一个企业系新设工业企业时,一定会涉及如何建账的问题,在建账时不论是总账、明细账还是备查账都应该依据我们前述账簿的有关原理及建账原则去确定账簿种类、格式、内容及登记方法。

1. 现金日记账和银行存款日记账

现金日记账和银行存款日记账是用来连续记录现金和银行存款收入来源、支出去向和每日结存金额的序时账簿。会计人员在购买账本时，一般应购买订本式账簿，且账页为收入、支出、结余或借方、贷方、余额的三个主要栏次，用来登记库存现金和银行存款增减变动及其结存情况。两种账本各购一本即可，但还要考虑企事业单位的开户银行、其他金融机构、存款种类及货币种类而定。

首先，将扉页所必需填制的内容按照账簿的启用要求填制好。然后，由出纳人员根据审核无误的现金和银行存款收、付凭证进行逐笔序时登记。即三栏式现金日记账借方栏，应根据现金和银行存款收款凭证登记，贷方栏应根据现金和银行存款付款凭证登记。由于从银行提取现金的业务，只填制银行付款凭证，不填制现金收款凭证，因此，从银行提取现金的收入数，应根据银行存款付款凭证登记现金日记账的"借方"栏，银行存款日记账的"贷方"栏。

1）现金日记账的登记

（1）日期栏。日期栏应根据记账凭证的日期登记。

（2）凭证号栏。凭证号栏应根据收付款凭证的种类和编号登记。如"收1"，即收款凭证1号。

（3）摘要栏。摘要栏说明登记入账的经济业务内容，文字要简明扼要，一般应依据凭证中的摘要登记。

（4）对方科目栏。对方科目栏是现金收入的来源科目或付出用途科目，其作用是了解现金的来龙去脉，应根据凭证中的对方科目登记。

（5）收入栏。收入栏应根据现金收款凭证和银行付款凭证（从银行提取现金）中所列金额登记。

（6）付出栏。付出栏应根据现金付款凭证中所列金额登记。

每日终了现金收入和支出都要加计合计数，结出余额，并与每日终了实际现金收入和支出的合计数及余额相核对，做到日清月结。如账款不符，应查明原因。

2）银行存款日记账的登记

银行存款日记账的登记方法与现金日记账基本相同。需要另加以下说明。

（1）结算凭证栏。结算凭证栏分为种类和号数两个专栏，分别登记结算凭证种类和号码。如：用转账支票购买材料，在种类栏登记转账支票，在号数栏登记转账支票号码，这样做便于和银行对账。

（2）对方科目栏。对方科目栏登记银行存款收入的来源科目或支出的用途科目，该栏应根据所依据的收、付款凭证中所列的对方科目登记。

（3）收入、支出栏。收入、支出栏登记银行存款实际收、付金额，该栏应根据所依据的收、付款凭证中所列金额登记。

银行存款日记账和现金日记账一样，必须序时逐笔记录，逐日结出余额，同时账面记录要与银行定期转来的账单逐笔核对。随着信息化的发展，目前许多银行都推出了银企对账业务，该业务通过网络平台为客户提供实时自主、自助的对账方式，无须每月领取对账单，可以在网上银行业务中自助开通对账功能。

2. 总分类账

总分类账是记载各类经济业务总括情况的账簿，应按照会计科目的编码顺序分别开设账户。由于总分类账一般采用订本式账簿，所以事先应为每个账户预留若干账页，实务中是根据会计制度规定统一会计科目中的一级科目设置。

企业可根据业务量的多少购买一本或几本总分类账（一般情况下无须一个科目设一本总账，但也要看企业业务量的大小）。账簿格式一般采用借、贷、余三栏式的订本账。根据具体格式的不同又可分为两种，一种是只有借、贷、余三个栏次，不设对方科目专栏，另一种则是设对方科目专栏（见表2-14），而后根据企业涉及的业务和涉及的会计科目设置总账。原则上讲，只要是企业涉及的会计科目就要有相应的总账账簿（账页）与之对应，会计人员应估计每一种业务量的大小，将每一种业务用口取纸分开，并在口取纸上写明每一种业务的会计科目名称，以便在登记时能够及时找到应登记的账页。如总账账页从第1页到第10页登记现金业务，我们就应在目录中写明"现金……1～10"，在总账账页的第11页贴上写有"银行存款"的口取纸，以此类推建立总账。在总账账页分页使用时，最好按资产、负债、所有者权益、收入、费用的顺序来分页，在口取纸选择上也可将资产、负债、所有者权益、收入、费用按不同颜色区分开，以便于登记。因工业企业的存货内容所占比重较大，另外还要配合成本计算设置有关成本计算总账如生产成本、制造费用、劳务成本等。

表2-14 总分类账

账户名称：

20××年		凭证号数	摘要	对方科目	借方金额									贷方金额									借或贷	余额								
月	日				十	万	千	百	十	元	角	分	十	万	千	百	十	元	角	分		十	万	千	百	十	元	角	分
合计																													

总分类账可以直接根据各种记账凭证逐笔进行登记，也可以将一定时期的各种记账凭证先汇总编制成科目汇总表或汇总记账凭证，再据以登记总账。总分类账的登记方法取决于所采用的会计核算形式，每月应将当月已完成的经济业务全部登记入账，并于月末结出总分类账簿中各账户的本期发生额与期末余额，与明细账余额核对无误后，才能作为编制会计报表的依据。

3. 明细分类账

明细分类账是根据某个总账科目所属的二级科目或明细科目设置的账簿。明细分类账是总分类账的明细记录，也是总分类账的辅助账。根据财产物资管理的要求和各种明细账记录的经济内容，明细分类账的格式主要有三栏式明细账、数量金额式明细账和多栏式明细账三种。

1) 三栏式明细账

三栏式明细账就是在账页中设有借方金额、贷方金额和余额三个金额栏的明细账。这种账页格式适用于需要进行金额核算，而不需要进行数量核算的所有者权益、债权债务等科目的明细核算，如"应收账款（见表2-15）""实收资本"等科目的明细分类核算。三栏式明细账根据记账凭证和有关原始凭证逐笔登记。

表2-15 应收账款明细分类账

页次：_____

单位：元

20××年		凭证号数	摘要	对方科目	借方金额									贷方金额									借或贷	余额								
月	日				十	万	千	百	十	元	角	分	十	万	千	百	十	元	角	分		十	万	千	百	十	元	角	分
合计																													

2) 数量金额式明细账

数量金额式明细账就是在收入、发出和余额三栏下又分别设置数量、单价和金额三小栏。这种账页格式适用于既需进行金额核算，又需进行实物数量核算的"原材料""库存商品"等财产物资科目的明细核算。此外，为了明确有关人员的经济责任，更好地满足管理上的需要，数量金额式明细账的上端，还应根据实际需要，设置和登记一些必要的项目，如类别、名称、规格以及计量单位、计划单价、储备定额、最高和最低储备量等。通过这种明细账登记的会计核算资料，有助于了解材料、产品等物资的流动及其结存状况，便于日常的会计监督。数量金额式明细账应根据材料或库存商品等收发凭证逐笔登记。

3) 多栏式明细账

多栏式明细账是根据企业经营管理需要，在明细账账页中的"借方"或"贷方"设置若干专栏，用以登记某一账户增减变动详细情况的一种明细账。这种明细账适合于"生产成本""制造费用""管理费用""财务费用""营业外收入"等账户的明细核算。鉴于这种明细账栏次较多，在实际工作中为避免账页过长，通常采用只在借方或贷方一方设多项栏次，另一方记录采用红字登记方法。如对于费用成本明细账在借方设置多栏，贷方发生额可以用红字在借方有关专栏或专行内登记，表示从借方发生额中冲转；对于收入、利润等明细账可在贷方设置多栏，借方发生额可用红字在贷方有关专栏或专行内登记，表示从贷方发生额中冲转。多栏式明细账按其适用的经济内容和登记方法的不同可分为以下几种。

（1）用于记录成本费用类账户的明细账。由于在会计期间内发生的经济业务主要登记在这类账户借方，即我们前述的借方多栏式明细分类账，因此成本费用支出类明细分类账

财会技能实训

按借方设多栏，反映各明细科目或明细项目本月借方发生额，如发生冲减事项则用红字在借方登记。月末，将借方发生额合计数从贷方一笔转出，记入有关账户。

（2）用于记录收入类账户的明细账。由于在会计期间内发生的经济业务主要登记在这类账户贷方，即我们前述的贷方多栏式明细分类账，因此收入类明细分类账按贷方设多栏，反映各明细科目或明细项目本月贷方发生额，如发生冲减有关收入的事项用红字在贷方登记。月末，将贷方发生额合计数从借方一笔转出，记入有关账户。

（3）用于记录财务成果账户的明细账。由于在会计期间内财务成果类科目既发生贷方业务，也发生借方业务，即我们前述的借方贷方多栏式明细分类账。为反映财务成果的构成，借方和贷方都要设多栏，登记各明细科目或明细项目借方发生额或贷方发生额。

在企业里，明细分类账是根据企业自身管理和外界各部门对企业信息资料的需要而设置的。若材料按实际成本计价，需设置"在途材料"明细账，以便于核算不同来源材料的实际成本。若材料按计划成本计价，需设置"材料采购"的明细账，并采用横线登记法（此类明细账又称为横线登记式明细分类账，即将每一相关的业务登记在一行，从而可依据每一行各个栏目的登记是否齐全来判断该项业务的进展情况）按材料的各类规格、型号登记材料采购的实际成本和发出材料的计划成本，并根据实际成本和计划成本的差异反映材料成本差异。另外为配合材料按计划成本计价，应建立"材料成本差异"明细账，它是原材料备抵调整账户，与原材料相同，它的设置也是按材料的品种、规格设置，反映各类或各种材料实际成本与计划成本的差异，计算材料成本差异分配率。

为计算产品成本应设置基本生产成本明细账、辅助生产成本明细账和制造费用明细账。基本生产成本明细账也称产品成本明细分类账或产品成本计算单，根据企业选择的成本计算方法，可以按产品品种、批别、类别、生产步骤设置明细账。辅助生产成本明细账，反映归集的辅助生产费用及分配出去的辅助生产成本，应根据辅助生产部门设置。制造费用明细账是所有工业企业都必须设置的，它根据制造费用核算内容如工资、折旧费、修理费、低值易耗品摊销费、劳保费等来设置。

4.备查账簿

备查账簿是在日记账、分类账登记范围之外，对企业某些经济业务进行补充登记的账簿，是对主要账簿的补充。它与前面介绍的几种账簿的不同之处是：备查账簿不是根据记账凭证登记的；备查账簿的格式与前面介绍的几种账簿格式不同；备查账簿的登记方式是注重用文字记述某项经济业务的发生情况。备查账簿可根据各单位的具体情况和需要设置。主要包括下列情形：

（1）对所有权不属于本企业，但由本企业暂时使用或代为保管的财产物资，应设计相应的备查账簿如租入固定资产登记簿（表2-16）等。

表2-16 租入固定资产登记簿

固定资产名称及规格	租约合同编号	租出单位名称	租入日期	租金	使用记录		归还日期	注
					单位	日期		
XPR-1设备	3450-56	海河公司	2017年3月10日	35 000	三车间	2017年3月15日	2017年9月5日	

（2）对同一业务需要进行多方面登记的备查账簿，一般适用于大宗贵重物资，如固定资产保管登记卡、使用登记卡等。

（3）对某些出于管理上的需要，而必须予以反映事项的备查账簿，如合同执行情况记录、贷款还款情况记录、重要空白凭证记录等。

2.2.7　原有单位在年度开始时如何建账

为了清晰地反映各个会计年度的财务状况和经营成果，每个会计年度开始时，一般都要启用新账，并把上年度的会计账簿归档保管。

现金日记账、银行存款日记账、总分类账及明细分类账每年都要更换新账，但固定资产明细账或固定资产卡片不必每年更换新账。年终结账后，有期末余额的账户，应将其余额结转至下年度新账簿的相应账户中去。下年度新开账户的第一行，填写的日期是1月1日，"摘要"栏注明"上年结转"字样，同时，将上年结转余额记入"余额"栏内，并标明余额方向。上年度该账户的借方余额，转至本年度新账内仍为借方余额，上年度该账户的贷方余额，转至本年度新账内仍为贷方余额。建账流程如图2.7所示。

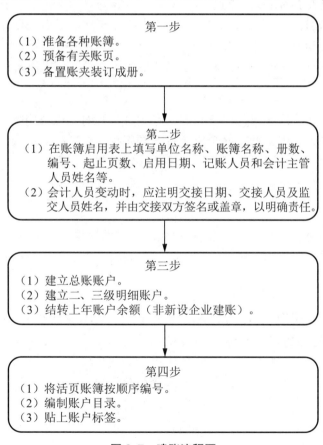

图 2.7　建账流程图

2.3 对账、结账及错账更正

2.3.1 对账

对账是指在会计核算中对账簿记录所进行的核对。在会计核算工作中,由于种种原因,有时难免会发生各种差错和账实不符的情况,为了保证会计账簿记录的正确完整,为编制会计报表提供可靠的数据资料,会计人员在记账之后,还应当定期对各种账簿记录进行核对,尤其在结账之前,这种核对尤显必要。对账主要包括以下内容。

1. 账证核对

账证核对是指各种账簿记录与据以记账的记账凭证乃至原始凭证相互核对。在会计日常工作中这种核对是经常进行的,核对会计账簿记录与原始凭证、记账凭证的时间、凭证字号、内容、金额是否一致,记账方向是否相符等。

2. 账账核对

账账核对是指在各种账簿之间进行核对。具体核对内容为:总分类账的余额与所属各明细账的余额之和的核对;现金日记账、银行存款日记账与总分类账中有关账户余额的核对;会计部门有关物资明细账的余额合计数与财产物资保管部门或使用部门的有关明细账户余额合计数的核对。一般来说,账账核对结果如属正常,可以不再进行账证核对。

3. 账实核对

账实核对是指各账簿记录与财产物资实存数进行核对,以查明账存数与实存数是否相符。具体核对内容为:现金的账面余额应每天同库存现金数核对;银行存款日记账应定期与银行对账单核对;各种财产物资的账面余额应定期与库存和实存实物核对;本单位与外单位的往来账款与有关单位相互核对。

4. 账表核对

账表核对是指月度、季度、年度会计报表项目中的数据与有关账簿中的数据进行核对,以查证报表指标的真实性和正确性。核对时,一般以账簿记录核对报表项目。

2.3.2 结账

结账是在将一定时期(月、季、年)内发生的全部经济业务登记入账后,计算并记录各个账户的本期发生额和期末余额,进行试算平衡,并结转下期或下年度账簿的一种账务处理方法,以便反映财务状况,计算经营成果,编制会计报表。通过结账,能够全面、系统地反映企业单位一定时期内财务状况增减变动及其结果,可以合理准确地确定各个会计期间的经营成果,有利于定期编制会计报表。

1. 结账前的准备工作

为了做好结账工作,在结账之前应做好以下几项准备工作。

(1)必须将本期(按月、按季或按年)内应该办理会计凭证手续的经济业务,全部填制记账凭证,登记入账。如发现漏账、错账等账簿记录错误,应及时按规定予以更正。不允许提前结账,也不得将本期发生的经济业务延至下期登记。

(2) 按照权责发生制的要求,结合财产清查,编制有关账项调整的记账凭证,并据以登记入账,以正确确定本期的收入和费用。对于需要在月末办理的其他有关的转账业务,如本期已售产品成本的结转业务等,均应编制记账凭证,并据以登记入账。

(3) 将本期实现的各项收入与其应负担的成本费用,编制记账凭证,分别从各收入账户、费用账户转入"本年利润"账户的贷方和借方,实现本期收入与其相关成本费用的正确配比,确定本期的经营成果。

(4) 在本期全部业务登记入账的基础上,结算出所有账户的本期发生额和期末余额,并认真进行对账工作,保证账簿记录真实、可靠,为编制会计报表提供准确的资料。

2. 结账的具体方法

1) 日记账

现金日记账必须每天在最后一笔业务下一行的摘要栏内写上"本日合计",结出本日的发生额和余额,这样"日清"的目的是便以检查错账、漏账及账实是否相符。

银行存款日记账应按日结出余额,在每天的最后一笔自然结出当天余额,不必另起一行。

现金日记账、银行存款日记账每月结账时,在最后一笔经济业务记录下面划一道通栏单红线(划线应划通栏线,即从摘要栏开始到金额栏分位上,下同),通栏单红线不单独占行(下同),表示本月到此为止。在通栏单红线下面一行的摘要栏内写上"本月合计",在借、贷两方结出本月发生额合计及余额,然后在下面划一条通栏单红线,与下月的发生额相区别。

年底结账时,在摘要栏内注明"本年累计"字样,结出全年发生额和年末余额,在全年累计发生额下面应当划通栏双红线(划线应划通栏线,即从摘要栏开始到金额栏分位上,下同),通栏双红线不单独占行(下同),并在下一行的摘要栏内注明"结转下年"字样。

2) 总账

在会计期末(月末、季末、年末),应结出本期(月末、季末、年末)发生额合计和期末余额,并在本月最后一笔记录下面划一条通栏单红线,表示本月记录至此为止。在通栏单红线下面一行的摘要栏内写上"本月合计",在借、贷两方结出本月发生额合计及余额,然后在下面划一条通栏单红线,与下月的发生额相区别。需要结出本年累计发生额的,应在"本月合计"下面一行摘要栏内注明"本年累计",结计本期累计发生额及期末余额,在本年累计下划通栏双红线。

3) 明细账

明细账可根据发生的每一笔经济业务随时结出余额。明细账在月结时应注意区别以下几种情况。

(1) 本月没有发生额的账户,不必月结,不划结账通栏单红线。

(2) 不需按月结计本月发生额的账户,如各项应收、应付款项及各项财产物资明细账等,在月末结出余额后,只需在本月最后一笔记录下面划一条通栏单红线,表示本月记录到此结束。

(3) 对需要按月结出本月发生额的账户，如生产成本、制造费用及各种损益类明细账等，由于会计报表需填写本月发生额及本年累计发生额，每月结账时，在最后一笔经济业务记录下面划一条通栏单红线，在红线下面一行的摘要栏内写上"本月合计"，在借、贷两方结出本月发生额合计，并在余额栏内计算出本月余额。然后在下面划一条通栏单红线，与下月的发生额相区别。对于需结出本年累计发生额的账户，在"本月合计"下一行摘要栏内写上"本年累计"，并在借贷两方结出1月至本月末止的发生额合计，并在余额栏内计算出本月余额，在本年累计下划通栏双红线。若本期借贷双方发生额相等，在"借或贷"栏内填"平"字并在余额栏的"元"位上填列"θ"符号，表示账目已经结平。

结账应注意以下问题。

（1）各账户封账。年终结账时，各账户按上述方法进行月结的同时，为了反映全年各项资产、负债及所有者权益增减变动的全貌，便于核对账目，要将所有总账账户结计全年发生额和年末余额，在摘要栏内注明"本年合计"字样，并在该行下面划通栏双红线，表示"年末封账"。

（2）结转新账。结转下年时，凡是有余额的账户，都应在年末"本年累计"行下面划通栏双红线，在下面摘要栏注明"结转下年"字样，不需编制记账凭证，但必须把年末余额转入下年新账。转入下年新账时，应在账页第一行摘要栏内注明"上年结转"字样，并在余额栏内填写上年结转的余额。

（3）结计"过次页"发生额时应注意的问题。结计"过次页"的发生额，应根据不同账户记录，采用不同的方法：①对需要按月结出本月发生额的账户，如成本类、损益类账户，结计"过次页"的合计数，应为从本月初至本页末止的发生额的合计数，此举便于本月结账时加计"本月合计"数额；②对需要结计"本年累计发生额"的账户，如成本类、损益类账户，结计"过次页"的本页合计数，应为从年初起至本页末止的累计数，此举便于年终结账时加计"本年累计"数额；③对既不需要结计本月发生额，也不需要结计本年累计发生额的账户，可以只将每页末的余额结转次页。如某些材料明细账户就没有必要将每页的发生额结转次页。结计"过次页"之后，在下一页第一行摘要栏内注明"承前页"字样，并在余额栏内填写上页结转数。

（4）结转账户余额时忌用以下方法：①将本账户年末余额，以相反的方向记入最后一笔账下的发生额内。如某账户年末为借方余额，在结账时，将此项余额填列在贷方发生额栏内（余额如为贷方，则作相反记录），在摘要栏填明"结转下年"字样，在"借或贷"栏内填"平"字并在余额栏的"元"位上填列"θ"符号，表示账目已经结平；②在"本年累计"发生额的次行，将年初余额按其同方向记入发生额栏内，并在摘要栏内填明"上年结转"字样；在次行登记年末余额，如为借方余额，填入贷方发生额栏内，反之记入借方，并在摘要栏填明"结转下年"字样。同时，在下一行加计借、贷两方的总计数，并在该行摘要栏内填列"总计"两字，在"借或贷"栏内填"平"字，在余额栏的"元"位上填列"θ"符号，以示账目已结平。

2.3.3 查账

在对账过程中，可能发生各种各样的差错，其主要表现在：记账凭证汇总表不平；总分类账不平；各明细分类账户的余额之和不等于总分类账有关账户的余额；银行存款账户调整后的余额与银行对账单不符等。在实际工作中常见的会计记录错误有以下两种：①会计原理、准则运用错误。这种错误的出现是指在会计凭证的填制、会计科目的设置、会计核算形式的选用、会计处理程序的设计等会计核算的各个环节出现不符合会计原理、准则规定的错误；②记账错误。记账错误表现为漏记、重记、错记三种。

在日常的会计核算中，发生差错的现象时有发生。如发现错误，应根据产生差错的具体情况，分析可能产生差错的原因，采取相应的查找方法，便于缩短查找差错的时间，减少工作量。下面介绍几种具体的错误查找方法。

1. 漏记的查找

（1）总账一方漏记。总账一方漏记，在试算平衡时，借贷双方发生额不平衡，出现差错，在总账与明细账核对时，会发现某一总账所属明细账的借（或贷）方发生额合计数大于总账的借（或贷）方发生额，也出现一个差额，这两个差额正好相等。而且在总账与明细账中有与这个差额相等的发生额，这说明总账一方的借（或贷）漏记，借（或贷）方哪一方的数额小，漏记就在哪一方。

（2）明细账一方漏记。明细账一方漏记，在总账与明细账核对时可以发现，总账已经试算平衡，但在进行总账与明细账核对时可以发现某一总账借（或贷）方发生额大于其所属各明细账借（或贷）发生额之和，说明明细账一方可能漏记，可对该明细账有关凭证进行查对。

（3）凭证漏记。如果记账凭证漏记，则没有明显的错误特征，只要通过顺查法（即按照原来账务处理的顺序从头到尾进行普遍查找的方法）或逆查法（即与原来账务处理的顺序相反从尾到头地普遍检查的方法）逐笔查找。

2. 重记的查找

（1）总账一方重记。如果总账一方重记，在试算平衡时，借贷双方发生额不平衡，出现差错；在总账与明细账核对时，会发现某一总账借（或贷）方发生额大于总账所属明细账的借（或贷）方发生额合计数，出现一个差额，这两个差额正好相等，而且在总账与明细账中有与这个差额相等的发生额的记录，说明总账借（或贷）方重记，借（或贷）方哪一方数额大，重记就在哪一方。

（2）明细账一方重记。如果明细账一方重记，在总账与明细账核对时可以发现，总账已经试算平衡，与明细账核对时，发现某一总账借（或贷）方发生额小于其所属明细账借（或贷）方发生额之和，则可能是明细账一方重记，可以对该明细账有关的记账凭证查对。如果记账凭证重复记账，则只能用顺查法或逆查法逐笔查找。

（3）记反账的查找。记反账是指在记账时把发生额的方向弄错，将借方发生额记入贷方，或者将贷方发生额记入借方。总账一方记反账，则在试算平衡时发现借贷双方发生不平衡，出现差错。这个差错是偶数，能被2整除，所得的商数可能就是账簿记错方向的数字，然后再到账簿中去查找差错。如果明细账记反账了，而总账记录正确，则总账发生额试算是正确的，可用总账与明细账核对的方法查找。

3. 错记的查找

在实际工作中，错记是指把数字写错，常见的有数字错位和错记。

（1）数字错位。数字错位是指应记的位数不是前移就是后移，即小记大或大记小。如把千位数记成了百位数（大记小），或把百位数记成了千位数（小记大）。如果是大记小，在试算平衡或者总账与明细账核对时，正确数字与错误数字的差额是一个正数，这个差额除以 9 后所得的商与账上的错误的数额正好相等，再乘以 10，即为正确数。查账时可以遵循：差额能够除以 9 再乘以 10，所得的数字正好是正确数，可能记错了位，错误的性质大记小。如将 600 元错记为 60 元，差数为 540 元，除以 9 为 60 等于错记数，再乘以 10，即为正确数 600。如果是小记大，在试算平衡或总账与明细账核对时，正确数与错误数的差额是一个负数，这个差额除以 9，得到的绝对数与错记数恰好相等，再乘以 10，得到的绝对数与正确数恰好相等。如将 40 元误记为 400 元，错位的差异数为 360 元，使其原数扩大了 9 倍，将差数除以 9 等于 40 就是错记数，再乘以 10 等于 400 即为正确数。

（2）错记。错记是在登记账簿的过程中数字误写。对于错记的查找，可根据由于错记而形成的差数，分别确定查找方法，查找时不仅要查找发生额，同时也要查找余额。

2.3.4 账簿错账更正

账簿记录发生记账错误时，必须采用正确的方法更正。常用的错账更正方法有划线更正法、红字更正法和补充登记法。

1. 划线更正法

划线更正法适用于记账凭证没有错误，而账簿记录中的文字或数字有误的情况。

划线更正法是在账簿中错误的文字或数字上划一条红线，再在红线上方空白处用蓝字写上正确的文字或数字，并由更正人在更正处签章加以明确责任。划线时应注意，文字差错可以划去仅有差错的文字，但数字差错则应划去全部数字，重新书写更正的数字，不能仅划去书写错误的数字。

2. 红字更正法

红字更正法，又称红字冲销法，适用于记账凭证错误而导致账簿记录错误的情况，适用于以下两种情形。

（1）登账后，发现记账凭证中的会计科目有误或会计科目和金额均有误，致使账簿登记错误。更正时，先用红字（用红字登记金额，文字仍为蓝字，下同）登记一张与原记账凭证完全相同的记账凭证，表示将原记账凭证内容冲销，再用蓝字重新填制一张正确的记账凭证，两张记账凭证同时登记入账。

（2）登账后，发现记账凭证中的会计科目没错，只是所记金额大于应记金额，导致登账有误。更正时，直接将多记录的金额用红字填制一张记账凭证，以示冲销多记金额，并据此用红字登账更正。

3. 补充登记法

补充登记法又称补充更正法，适用于记账凭证中的会计科目无误，只是所记金额小于应记金额,导致登账有误。更正时,直接将少记录的金额填制一张记账凭证,并据此登账更正。

需要注意的是:在日常核算过程中,若结账以后发现某笔凭证过账错误,不能用上述方法进行更正,应在结账栏的下一行摘要栏内注明"更正某某号凭证过账错误",并将差异金额记入相应的金额栏内,同时另起一行结出正确的发生额和余额。

2.4 会计档案的保管及销毁

会计档案是指会计凭证、账簿、财务会计报告等会计核算专业材料,它是记录企业经济业务的重要史料和证据。

(1)会计凭证类。包括原始凭证、记账凭证、汇总凭证和其他会计凭证等。

(2)会计账簿类。包括总账、明细账、日记账、固定资产卡片、辅助账簿和其他会计账簿等。

(3)财务报告类。包括会计报表、附表、附注、其他财务报告等。

(4)其他类。包括银行存款余额调节表、银行对账单、会计档案保管清册及销毁清册等。

2.4.1 会计档案的保管

各单位每年形成的会计档案,应当由会计机构按照归档要求,负责整理立卷,装订成册,编制会计档案保管清册。当年形成的会计档案,在会计年度终了后,可暂由会计机构保管一年,期满之后,应当由会计机构编制移交清册,移交本单位档案机构统一保管,未设立档案机构的,应当在会计机构内部指定专人保管,出纳人员不得兼管会计档案。移交本单位档案机构保管的会计档案,原则上应当保持原卷册的封装。个别需要拆封重新整理的,档案机构应当会同会计机构和经办人员共同拆封整理,以分清责任。

各单位保存的会计档案不得借出。如有特殊需要,经本单位负责人批准,可以提供查阅或者复制,并办理登记手续。查阅或者复制会计档案的人员,严禁在会计档案上涂画、拆封和抽换。会计档案的保管期限分为永久、定期两类。会计档案的保管期限,从会计年度终了后的第一天算起。

2.4.2 会计档案的销毁

保管期满的会计档案,可以按照以下程序销毁。

(1)由本单位档案机构提出销毁意见,会同财务会计部门共同鉴定,严格审查,编制会计档案销毁清册。

(2)各企业在按规定销毁会计档案时,应当由档案部门和财务会计部门共同派员监销。

(3)各监销人在销毁会计档案以前,应当认真进行清点核对,在销毁清册上签名盖章,并将监销情况报告本企业领导。

本章小结

　　本章主要讲授会计凭证与建账等有关内容，基本要点如下。

　　（1）会计凭证。会计凭证是指具有一定格式，记录经济业务活动的发生和完成情况，明确经济责任的书面证明，也是登记账簿、进行会计监督的重要依据。按照填制的程序和用途不同会计凭证可分为原始凭证和记账凭证。原始凭证按其来源不同，可分为外来原始凭证和自制原始凭证。记账凭证按其用途不同，可分为专用记账凭证和通用记账凭证，按其填制方式不同，可分为复式记账凭证、单式记账凭证和汇总记账凭证。

　　（2）建账。建账是指会计人员根据《会计法》和国家统一会计制度的规定，结合本企业所在的具体行业要求和将来可能发生的会计业务情况，确定账簿种类、格式、内容及登记方法的过程。

　　建账应依据依法原则、全面系统原则、组织控制原则、科学合理原则进行。建立总账要求总账科目名称应与国家统一会计制度的会计科目名称一致，依据企业账务处理程序的需要选择总账格式，外表形式一般应采用订本式账簿；建立明细账要求明细科目的名称应根据统一会计制度的规定和企业管理的需要设置，根据财产物资管理的需要选择明细账的格式，外表形式一般采用活页式账簿；建立日记账要求现金日记账和银行存款日记账的账页一般采用三栏式，外表形式必须采用订本式账簿；备查账的设置要求应根据统一会计制度的规定和企业管理的需要，格式由企业自行确定，外表形式一般采用活页式账簿。

第 3 章

支付结算技能

学习目标

通过本章的学习，了解支付结算的内涵、特征及原则；银行卡的内涵；电子支付结算方式的特征。掌握票据结算方式中各种票据应记载的事项及结算程序；汇兑凭证、委托收款凭证、托收承付凭证应记载的事项及汇兑、委托收款、托收承付结算方式的结算程序。

技能要求

根据经济业务的性质正确运用适用的结算方式进行支付结算。

学习指导

本章是对各种支付结算方式的简介，需要在理解各种支付结算方式内涵的基础上选择适合于企业经济业务的结算方式，并理解各种结算方式的结算程序。

本章的重点是掌握各种结算方式所涉及的票据凭证、结算凭证以及结算程序。

本章的难点是正确运用各种结算方式进行支付结算。

财会技能实训

3.1 支付结算方式简介

结算，是指经济往来所引起的货币收付行为，这里的货币主要是指现金和银行存款。使用现款进行的结算叫作现金结算。按照现金管理制度规定，现金结算主要用于个人之间的款项收付，单位之间发生的大宗经济往来并不直接动用现金结算，而是通过银行将款项从付款单位账户划转到收款单位账户，这种结算方式，称为银行结算（也称转账结算，或称非现金结算）。由于结算关系的实质性权利义务关系实际是当事人之间的权利义务关系，而银行只是结算活动和资金清算的中介机构。因此，采用"支付结算"而非"银行结算"更能够体现结算制度的实质。支付结算是指单位、个人在社会经济活动中使用票据、汇兑、委托收款、托收承付、银行卡和电子支付等结算方式进行货币给付及其资金清算的行为，可以看出，支付结算是一个涉及付款单位、收款单位、付款银行、收款银行等几个单位多个环节的资金增减变动的业务活动。支付结算工作的任务，是根据经济往来组织支付结算，准确、及时、安全办理支付结算，按照有关法律、行政法规和《支付结算办法》的规定管理支付结算，保障支付结算活动的正常进行。

3.1.1 支付结算的特征

支付结算作为一种法律行为，具有以下特征。

1. 支付结算和资金清算的中介机构是银行

未经中国人民银行批准的非银行金融机构和其他单位不得作为中介机构经营支付结算业务。但法律、行政法规另有规定的除外。支付结算包括票据、汇兑、托收承付、委托收款、银行卡和电子支付等结算行为，而这些结算行为必须通过银行或者经中国人民银行批准的银行金融机构或其他机构才能够进行，说明支付结算与一般的货币给付和资金清算行为不同。

2. 办理支付结算的工具是票据和结算凭证

单位、个人和银行办理支付结算，必须使用按中国人民银行统一规定印制的票据凭证和统一规定的结算凭证。未使用按中国人民银行统一规定印制的票据，票据无效；未使用中国人民银行统一规定格式的结算凭证，银行不予受理。这说明支付结算是一种要式行为，所谓要式行为是指法律规定必须依照一定形式进行的行为。如果该行为不符合法定的形式要件，即为无效。为了保证支付结算的准确、及时和安全，以使其业务正常进行，中国人民银行除了对票据和结算凭证的格式有统一的要求外，还就正确填写票据和结算凭证做出了基本规定，例如票据和结算凭证上的签章为签名、盖章或者签名加盖章。单位、银行在票据上的签章和单位在结算凭证上的签章，为该单位、银行的盖章加其法定代表人或其授权的代理人的签名或盖章。个人在票据和结算凭证上的签章，应为该个人的签名或盖章。票据和结算凭证的金额、出票或签发日期、收款人名称不得更改，更改的票据无效；更改的结算凭证，银行不予受理。对票据和结算凭证上的其他记载事项，原记载人可以更改，更改时应当由原记载人在更改处签章证明。票据和结算凭证金额以中文大写和阿拉伯数字同时记载，二者必须一致，二者不一致的票据无效；二者不一致的结算凭证，银行不予受理。少数民族地区和外国驻华使领馆根据实际需要，金额大写可以使用少数民族文字或者外国文字记载。

3. 支付结算实行集中统一和分级管理相结合的管理体制

支付结算是一项政策性很强的工作，与双方当事人的利益息息相关，因此，必须对其实行统一的管理。根据《支付结算办法》第二十条的规定，中国人民银行总行负责制定统一的支付结算制度，组织、协调、管理、监督全国的支付结算工作，调解、处理银行之间的支付结算纠纷。中国人民银行省、自治区、直辖市分行根据统一的支付结算制度制定实施细则，报总行备案；根据需要可以制定单项支付结算办法，报经中国人民银行总行批准后执行。中国人民银行分、支行负责组织、协调、管理、监督本辖区的支付结算工作，调解、处理本辖区银行之间的支付结算纠纷。政策性银行、商业银行总行可以根据统一的支付结算制度，结合本行情况，制定具体管理实施办法，报经中国人民银行总行批准后执行。政策性银行、商业银行负责组织、管理、协调本行内的支付结算工作，调解、处理本行内分支机构之间的支付结算纠纷。

3.1.2 支付结算的基本原则

支付结算的基本原则是单位、个人和银行在进行支付结算活动时所必须遵守的行为准则。根据社会经济发展的需要，在总结我国改革开放以来结算工作经验的基础上，确立了"恪守信用、履约付款；谁的钱进谁的账，由谁支配；银行不垫款"的三项基本原则。中国人民银行发布的《支付结算办法》第十六条也肯定了该三项原则。

1. 恪守信用、履约付款原则

这一原则是民法通则中"诚实守信"原则在支付结算中的具体表现。根据该原则，结算当事人必须依照共同约定的民事法律关系内容享受权利和承担义务，严格遵守信用，依约履行付款义务，特别是应按照约定的付款金额和付款日期进行支付。这一原则对履行付款义务的当事人具有约束力，是维护合同秩序，保障当事人经济利益的重要保证。

2. 谁的钱进谁的账，由谁支配原则

这一原则主要在于维护存款人对存款资金的所有权和经营权，保证其对资金的自主支配权。银行作为资金结算的中介机构，在办理结算时必须遵循存款人的委托，按照其意愿，保证将所收款项支付给其指定的收款人。对存款人的资金，除国家法律另有规定外，必须由其自主支配，其他任何单位、个人以及银行本身都不得对其资金进行干预和侵犯。这一原则既保护了存款人的合法权益，又加强了银行办理结算的责任。

3. 银行不垫款原则

这一原则主要在于划清银行资金和存款人资金的界限。根据该原则，银行办理结算只负责办理结算当事人之间的资金转移，而不能在结算过程中为其垫付资金。这一原则有利于保护银行资金的所有权或经营权,也有利于促使单位和个人以自己所有或经营管理的财产直接对自己的债务承担责任。

上述三个原则既可单独发挥作用,亦是一个有机的整体,分别从不同角度强调了付款人、收款人和银行在结算过程中的权利义务,从而切实保障了结算活动的正常进行。

3.1.3 支付结算方式的分类

现行的支付结算方式包括:银行汇票、商业汇票、银行本票、支票、汇兑、委托收款、托收承付、银行卡、电子支付共九种。其中银行汇票、商业汇票、银行本票、支票属于票据结算方式(图3.1);汇兑、委托收款、托收承付、银行卡、电子支付属于票据结算之外的结算方式。根据结算地点的不同,可划分为同城结算方式、异地结算方式、不限地点结算方式三种(图3.2)。同城结算方式包括银行本票结算方式;异地结算方式包括汇兑结算方式、托收承付结算方式;不限地点结算方式包括银行汇票结算方式、商业汇票结算方式、支票结算方式、委托收款结算方式、银行卡结算方式、电子支付结算方式。

以上结算方式主要用于国内结算,用于国际结算的主要是信用证结算方式,当然经中国人民银行批准经营结算业务的商业银行总行以及经商业银行总行批准开办信用证结算业务的分支机构,也可以办理国内企业之间商品交易的信用证结算业务。

采用信用证结算方式的,收款单位收到信用证后,即备货装运,签发有关发票账单,连同运输单据和信用证,送交银行,根据退还得信用证等有关凭证编制收款凭证,付款单位在接到开证行的通知时,根据付款的有关单据编制付款凭证。

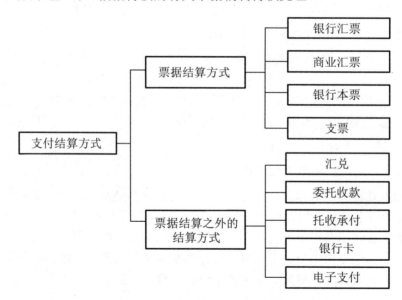

图 3.1 支付结算方式分类(一)

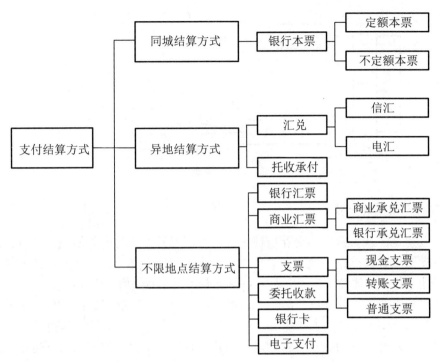

图 3.2 支付结算方式分类（二）

3.2 票据结算方式

票据，有广义与狭义之分，广义的票据包括各种有价证券和凭证，如股票、国库券等，狭义的票据则是指票据法中的票据。本章所讲的票据为狭义的票据，是指出票人依法签发的，约定自己或委托付款人在见票时或指定的日期向收款人或持票人无条件支付一定金额并可转让的有价证券。1995 年 5 月 10 日第八届全国人大常务委员会通过的《中华人民共和国票据法》（以下简称《票据法》）第二条第二款规定："本法所称的票据，是指汇票、本票、支票。"因此票据结算方式是指以汇票、本票、支票作为结算手段，以完成企业资金收付的结算方式。

汇票是出票人签发的，委托付款人在见票时或者在指定日期无条件支付确定的金额给收款人或者持票人的票据。可见，汇票有三个基本当事人，即出票人、付款人和收款人，这三个当事人在汇票发行时既已存在，故称为基本当事人，缺一不可。汇票是由出票人委托他人支付的票据，是一种委托证券，而非自付证券。《票据法》将汇票分为银行汇票和商业汇票（图 3.3），前者是指银行签发的汇票，后者是指银行之外的企事业单位、机关、团体等签发的汇票。

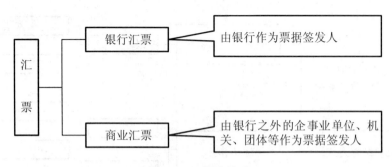

图 3.3 汇票的种类

3.2.1 银行汇票结算方式

银行汇票是汇款人将款项交存当地银行，由银行签发给汇款人持往同城或异地办理转账结算或支取现金的票据。银行汇票结算方式是指利用银行汇票办理结算的方式，适用于同城或异地单位、个体经济户、个人之间需要支付的各种款项。凡是银行开立账户的单位、个体经济户和未在银行开立账户的个人，都可以向银行申请办理银行汇票。

银行汇票（见表 3-1、表 3-2）可以用于转账，填明"现金"字样的银行汇票可以用于支取现金。银行汇票的提示付款期限自出票日期起 1 个月，持票人超过付款期限提示付款，银行可不予受理。

表 3-1 银行汇票正面

付款日期 壹个月	XX 银行 银行汇票（卡片）1										汇票号码 第 号
出票日期 年 月 日 （大写）											
代理付款行： 行号：											
收款人：				账号：							
出票金额 人民币（大写）			千	百	十	万	千	百	十	元	角	分
实际结算金额 人民币（大写）											
申请人：_____			账号：_____								
出票行：_____ 行号：_____											
备注：_____ 凭票付款 出票行签章			密押： 多余金额							复核 记账

此联出票行结清汇票时作汇出汇款借方凭证

10 厘米 ×17.5 厘米（白纸黑油墨）
注：汇票号码前加印省别代号

表 3-2 银行汇票背面

被背书人	被背书人	被背书人	（粘贴单处）
背书人签章 日期 年月日	背书人签章 日期 年月日	背书人签章 日期 年月日	

持票人向银行　　　　　　　　　身份证件名称：
提示付款签章：　　　　　　　　　号　　　码：
　　　　　　　　　　　　　　　　发 证 机 关：

1. 签发银行汇票必须记载事项

（1）表明"银行汇票"的字样。

（2）无条件支付的承诺。

（3）出票金额。

（4）付款人名称。

（5）收款人名称。

（6）出票日期。

（7）出票人签章。

欠缺记载上列事项之一的，银行汇票无效。

2. 银行汇票结算程序

1）申请签发银行汇票

汇款人需要办理银行汇票的，应先填写"银行汇票申请书"一式三联（见表 3-3），填明收款人名称、汇票金额、申请人名称、申请日期等事项并签章，送本单位开户银行申请签发银行汇票（本单位开户银行不能办理银行汇票的，应将款项转交附近签发银行汇票的银行办理，没有在该银行开户的应同时交付现金）。银行受理后，应根据"银行汇票申请书"第二联、第三联办理银行收款手续，然后银行签发一式四联的银行汇票，银行留下第一联和第四联，将第二联汇票、第三联解讫通知和加盖印章后的银行汇票委托书第一联交给汇款人。

2）办理兑付

汇款人取得签发银行签发的银行汇票后，则可向收款人办理结算。对已注明收款人的银行汇票，可直接将汇票交收款人到兑付银行办理兑付，对收款人为持票人的银行汇票，可由持票人到兑付银行办理兑付手续，也可将银行汇票背书转让给收款，由收款人到兑付银行办理兑付。收款人办理兑付时，应将实际结算金额，填入第二联汇票和第三联解讫通知，并填写进账单（表 3-4）一式二联，一并送开户银行办理入账手续。

表 3-3 银行汇字申请书

XX 银行汇票申请书（存根） 1

申请日期：　　年　月　日　　　　　　　　　　　第　号

申请人		收款人		
账　号或住址		账　号或住址		
兑付地点		兑付行	汇款用途	
汇款金额	人民币（大写）		千百十万千百十元角分	
备注：		科　目对方科目		

财务主管：　　　　复核：　　　　经办：

此联申请人留存

8.5 厘米 ×17.5 厘米（白纸黑油墨）

表 3-4 银行进账单

××银行进账单（收账通知） 1

年　月　日　　　　　　　　　　　　　第　号

出票人	全称		收款人	全称		
	账号			账号		
	开户银行			开户银行		
金额	人民币（大写）			亿千百十万千百十元角分		
票据种类		票据张数				
票据号码			开户银行签章			
复核：　　记账：						

此联是持票人开户银行及交给持票人的收账通知

8.5 厘米 ×17.5 厘米（白纸黑油墨）

3）结算金额

兑付银行按实际结算金额办理入账后，将银行汇票第三联解讫通知传递给汇票签发银行，签发银行核对后将余款转入汇款人账户，并将银行汇票第四联多余款收账通知转给汇款人，汇款人据此办理余款入账手续。

银行汇票结算程序如图 3.4 所示。

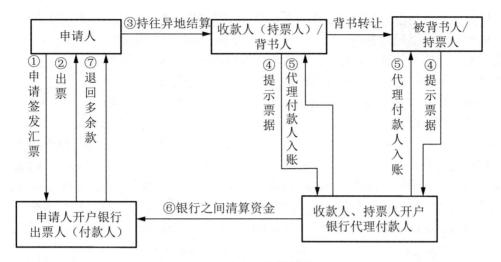

图 3.4 银行汇票结算程序图

3. 银行汇票结算应注意的问题

1) 出票时应注意的问题

（1）银行汇票金额起点取消了 500 元的限制，扩大了银行汇票的使用地域，将原用于异地结算的银行汇票，扩大为同城或异地结算都可以使用。

（2）申请人和收款人均为个人，需要使用银行汇票向代理付款人支取现金的，申请人须在"银行汇票申请书"上填明代理付款人名称，在"汇票金额"栏先填写"现金"字样，后填写汇票金额。申请人或者收款人为单位的，不得在"银行汇票申请书"上填明"现金"字样。

（3）签发转账银行汇票，不得填写代理付款人名称，但由人民银行代理兑付银行汇票的商业银行，向设有分支机构地区签发转账银行汇票的除外。

2) 付款时应注意的问题

（1）收款人受理申请人交付的银行汇票时，应在出票金额以内，根据实际需要的款项办理结算，并将实际结算金额和多余金额准确、清晰地填入银行汇票和解讫通知的有关栏内。未填明实际结算金额和多余金额或实际结算金额超过出票金额的，银行不予受理。

（2）银行汇票的实际结算金额不得更改，更改实际结算金额的银行汇票无效。

（3）收款人可以将银行汇票背书转让给被背书人。银行汇票的背书转让以不超过出票金额的实际结算金额为准，未填写实际结算金额或实际结算金额超过出票金额的银行汇票不得背书转让。

（4）银行汇票的实际结算金额低于出票金额的，其多余金额由出票银行退交申请人。

（5）持票人超过期限向代理付款银行提示付款不获付款的，需在票据权利时效内向出票银行做出说明，并提供本人身份证件或单位证明，持银行汇票和解讫通知向出票银行请求付款。

3.2.2 商业汇票结算方式

商业汇票是出票人签发、由承兑人承兑，并于到期日向收款人或被背书人无条件支付款项的票据。在银行开立存款账户的法人以及其他组织之间，具有真实的交易关系或债权债务关系，无论是同城还是异地，其款项结算均可使用商业汇票结算方式。商业汇票的付款期限最长不得超过 6 个月，具体期限由收、付款双方协商确定。

商业汇票按其承兑人不同，分为商业承兑汇票和银行承兑汇票两种（图 3.5），商业承兑汇票可以由付款人签发并承兑，也可以由收款人签发交由付款人承兑。银行承兑汇票应由在承兑银行开立存款账户的存款人签发。银行承兑汇票由银行承兑，商业承兑汇票由银行以外的付款人承兑，付款人为承兑人。商业承兑汇票一式三联，第一联为卡片（表3-5），由承兑人（付款单位）留存；第二联为商业承兑汇票，由收款人开户银行随结算凭证寄付款人开户银行作付出传票附件；第三联为存根联，由签发人留存备查。银行承兑汇票是由收款人或承兑申请人签发，并由承兑申请人向开户银行申请，经银行审查同意承兑的票据。

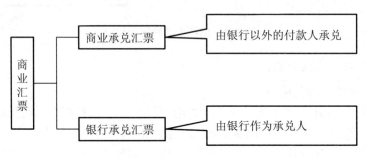

图 3.5　商业汇票的种类

表 3-5　**商业承兑汇票**（卡片）　1

出票日期（大写）　年　月　日　　　　　　　　　　　汇票号码

业务类型		委托收款（□邮划、□电划）托收承付（□邮划、□电划）	
付款人	全　称	收款人	全　称
	账号或地址		账号或地址
	开户行		开户行

汇票金额	人民币（大写）	亿 千 百 十 万 千 百 十 元 角 分

汇票到期日（大写）		付款行	行号	
			地址	
交易合同号				

本汇票已经本单位承兑，到期无条件支付票款。　　　　本汇票请予以承兑，到期日付款。

　　承兑人盖章：　　　　　　　　　　　　　　　　　出票人签章：
　　承兑日期　　年　月　日

此联承兑人留存

10×17.5 厘米（白纸黑油墨）

银行承兑汇票一式四联,第一联为卡片(见表3-6),由承兑银行支付票款时作付出传票;第二联由收款人开户行向承兑银行收取票款时作联行往来账付出传票;第三联为解讫通知联,由收款人开户银行收取票款时随报单寄给承兑行,承兑行作付出传票附件;第四联为存根联,由签发单位编制有关凭证。

表3-6 **银行承兑汇票(卡片)**

汇票号码 第 号

签发日期(大写) 年 月 日

出票人全称		收款人	全 称											此联承兑行留存备查到期支付票款时作借方凭证附件
出票人账号			账 号											
付款行全称			开户银行				行号							
汇票金额	人民币(大写)			千	百	十	万	千	百	十	元	角	分	
汇票到期日 本汇票请你行承兑,到期无条件付款。 出票人签章: 年 月 日		本汇票已经承兑,到期日由本行付款。 承兑行签章: 承兑日期 年 月 日		承兑协议编号 科目(借) 对方科目(贷) 转账 年 月 日 复核 记账										

10厘米×17.5厘米(白纸黑油墨)

1. 签发商业汇票必须记载事项

(1) 表明"商业承兑汇票"或"银行承兑汇票"的字样。

(2) 无条件支付的委托。

(3) 确定的金额。

(4) 付款人名称。

(5) 收款人名称。

(6) 出票日期。

(7) 出票人签章。

欠缺记载上列事项之一的,商业汇票无效。

2. 商业汇票结算程序

1) 商业承兑汇票结算程序

(1) 签发和承兑商业承兑汇票。商业承兑汇票可由收款人签发,也可由付款人签发,汇票签发后,第一联由付款人(即承兑人)留存,付款人据此做出账务处理。第二联汇票由付款人(即承兑人)在承兑栏加盖预留银行印鉴,并在商业承兑汇票正面签署"承兑"字样,以示承兑后,将商业承兑汇票交给收款人,收款人据此做出账务处理。第三联由签发人留存备查。

（2）委托收款。收款人或被背书人将要到期的商业承兑汇票送交开户银行办理收款手续，收款一般采取的委托收款方式。

（3）到期兑付。付款人应于商业承兑汇票到期日前积极筹措款项，并于到期日前将票款足额交存其开户银行，付款人开户银行收到传来的委托收款凭证和商业承兑汇票后，审核无误后，通知付款人付款，付款人无异议，则银行可将款项划给收款人或被背书人。

商业承兑汇票结算程序如图3.6所示。

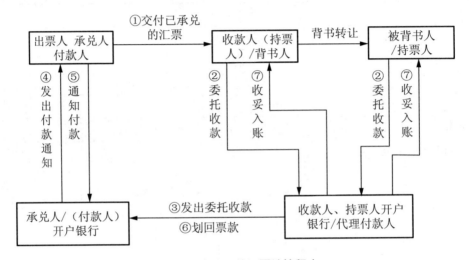

图3.6　商业承兑汇票结算程序

2）银行承兑汇票结算程序

银行承兑汇票结算一般可分为五个步骤进行，其流程图如图3.7所示。

（1）签订交易合同。交易双方经过协商，签订商品交易合同，并在合同中注明采用银行承兑汇票进行结算。作为销货方，如果对方的商业信用不佳，或者对对方的信用状况不甚了解或信心不足，使用银行承兑汇票较为稳妥。因为银行承兑汇票由银行承兑，由银行信用作为保证，因而能保证及时地收回货款。

（2）签发汇票。付款方按照双方签订合同的规定，签发银行承兑汇票。需注意的是付款方在填制银行承兑汇票时，应当逐项填写银行承兑汇票中签发日期、收款人和承兑申请人（即付款单位）的单位全称、账号、开户银行、汇票金额大、小写、汇票到期日、交易合同编号等内容，并在银行承兑汇票的第一联、第二联、第三联的"汇票签发人盖章"处加盖预留银行印鉴及负责人和经办人印章。

（3）申请承兑。承兑申请人（即付款人）持银行承兑汇票和购销合同，向其开户银行申请承兑。银行按有关规定审查同意后，与承兑申请人签订银行承兑协议一式三联，第一联出票人留存，第二、三联承兑银行留存，并在银行承兑汇票上注明承兑协议编号，加盖银行印章，用压数机压印汇票金额后，将第二联银行承兑汇票和第三联解讫通知交给承兑申请人。

(4) 兑取票款。付款人（即承兑申请人）将第二联银行承兑汇票和第三联解讫通知交给收款人。收款人或被背书人应在银行承兑汇票到期时，填写两联进账单，然后将银行承兑汇票、解讫通知，连同进账单送交其开户银行办理收取票款手续。银行按规定审察无误后，在第一联进账单加盖转讫章作收账通知交给收款人，收款人凭此作收款入账账务处理。

(5) 支付票款。付款人在银行承兑汇票到期前应将其票款足额交存其开户银行，承兑银行在收到兑付银行传来的银行承兑汇票和解讫通知以及有关传票后，于银行承兑汇票到期日将付款人款项划出。

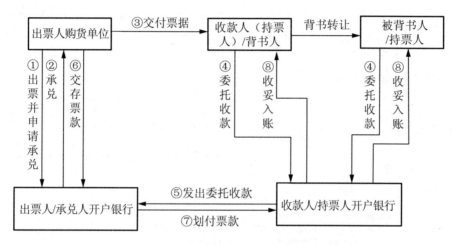

图3.7 银行承兑汇票结算程序

3. 商业汇票结算应注意的问题

1) 出票时应注意的问题

(1) 在银行开立存款账户的法人以及其他组织之间，必须具有真实的交易关系或债权债务关系，才能使用商业汇票。

(2) 商业承兑汇票的出票人，为在银行开立存款账户的法人以及其他组织，与付款人具有真实的委托付款关系，具有支付汇票金额的可靠资金来源。

(3) 出票人不得签发无对价的商业汇票用以骗取银行或者其他票据当事人的资金。

(4) 商业承兑汇票可以由付款人签发并承兑，也可以由收款人签发交由付款人承兑。银行承兑汇票应由在承兑银行开立存款账户的存款人签发。

2) 付款时应注意的问题

(1) 商业汇票可以在出票时向付款人提示承兑后使用，也可以在出票后先使用再向付款人提示承兑。定日付款或者出票后定期付款的商业汇票，持票人应当在汇票到期日前向付款人提示承兑。见票后定期付款的汇票，持票人应当自出票日起1个月内向付款人提示承兑。汇票未按照规定期限提示承兑的，持票人丧失对其前手的追索权。

(2) 商业汇票的提示付款期限，自汇票到期日起10日内。

3.2.3 银行本票结算方式

根据我国《票据法》规定，本票仅限于银行本票，且为记名式本票和即期本票。银行本票是申请人将款项交存银行，由银行签发的承诺自己在见票时无条件支付确定的金额给收款人或者持票人的票据。适用于单位、个体经济户和个人在同城范围内的商品交易、劳务供应和其他款项的结算，银行本票可以用以转账，注明"现金"字样的银行本票可以用以支取现金。银行本票一律记名，允许背书转让，按其金额不同分为定额本票和不定额本票两种（图3.8）。定额银行本票（表3-7）一式一联，由中国人民银行总行统一规定票面规格、颜色和格式并统一印制，由签发银行盖章后交申请人以办理转账结算或取现。不定额银行本票（表3-8）一式两联，第一联为签发银行结清本票时作付出传票；第二联由签发银行留存作为结清本票时的传票附件。

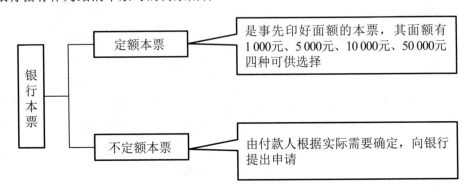

图 3.8　银行本票的种类

表 3-7　定额银行本票

××银行本票存款 本票号码：LX V00000000 地名： 收款人： 金额：壹万元整 用途 科目（借） 对方科目（贷） 出票日期：　年　月　日 出纳　复核　经办	付款期限 ×个月	××银行　　地名　　本票号码 本　票 出票日期（大写）　　年　月　日 收款人 凭票即付人民币　　　　壹万元整 转账　　现金　　　　¥10000 出票行签章

8厘米×22.5厘米　其中正联17厘米（专用水印纸黑油墨）

表 3-8　不定额银行本票

付款期限 ×个月	××银行　地 　　　　　名　本票号码 本　票（卡片）1	此联出票行留存，结清本票时作借方凭证附件
出票日期（大写）	年　月　日　　　第　号	
收款人：		
凭票即付 人民币（大写）		
转账　｜　现金 签发银行盖章	科目（付） 对方科目（收） 兑付日期　年　月　日 出纳　复核　经办	

8厘米×17厘米（白纸红油墨）

1. 签发银行本票必须记载事项

（1）表明"银行本票"的字样。
（2）无条件支付的承诺。
（3）确定的金额。
（4）收款人名称。
（5）出票日期。
（6）出票人签章。

欠缺记载上列事项之一的，银行本票无效。

2. 银行本票结算程序

1）签发本票

（1）申请人办理银行本票，应向银行填写"银行本票申请书"（表 3-9），填明收款人名称、申请人名称、支付金额、申请日期等事项并签章。申请人和收款人均为个人需要支取现金的，应在"支付金额"栏先填写"现金"字样，然后送本单位开户银行（未在银行开户的个人办理银行本票时，应先将现金交银行出纳部门，办理领取银行本票手续）。出票银行受理银行本票申请书，收妥款项签发银行本票。用于转账的，在银行本票上划去"现金"字样；申请人和收款人均为个人需要支取现金的，在银行本票上划去"转账"字样。不定额银行本票用压数机压印出票金额，出票银行在银行本票上签章后交给申请人。银行本票申请书一式三联，第一联由签发单位或个人留存，第二联由签发行办理本票的付款凭证，第三联由签发行办理本票的收款凭证。

表 3-9 银行本票申请书

××银行
签发本票申请书（存根）

申请日期　　年　　月　　日　　AA

受款单位或个人名称　　　　本票号码
申请签发本票金额（大写）
　　申请人名称
　　申请人地址（或账号）

申请人签章　　银行出纳　　复核　　记账　　验印

（2）银行受理银行本票申请书，在收妥款项后，据以签发银行本票。申请人取回本票后应做出账务处理。

2) 款项结算

（1）申请人持银行本票可以向填明的收款单位或个体经济户办理结算，收款人收到付款人交来的银行本票，经审查后，填写一式两联进账单连同收到的银行本票，交本单位开户银行办理收款入账手续，即提示付款。收款人为个人的也可以持转账的银行本票经背书向被背书人的单位或个体经济户办理结算，具有"现金"字样的银行本票可以向银行支取现金。

（2）收款开户行收妥入账，并通知收款人。

（3）银行间办理划拨。

银行本票结算程序如图 3.9 所示。

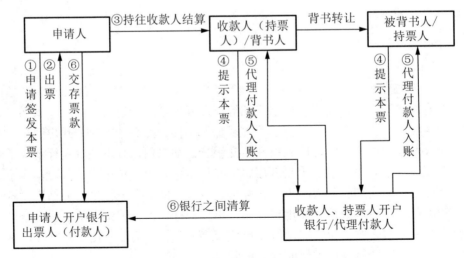

图 3.9　银行本票结算程序

3. 银行本票结算应注意的问题

1) 出票时应注意的问题

（1）取消了不定额银行本票金额起点限制的规定。

（2）单位和个人在同一票据交换区域需要支付各种款项，均可以使用银行本票。银行本票可以用于转账，注明"现金"字样的银行本票可以用于支取现金。

（3）出票银行受理银行本票申请书，收妥款项签发银行本票。用于转账的，在银行本票上划去"现金"字样；申请人和收款人均为个人需要支取现金的，在银行本票上划去"转账"字样。不定额银行本票用压数机压印出票金额，出票银行在银行本票上签章后交给申请人。申请人或收款人为单位的，银行不得为其签发现金银行本票。

2) 付款时应注意的问题

银行本票的付款期为自出票日起最长不得超过 2 个月。如果持票人超过提示付款期限不获付款的，在票据权利时效内向出票银行做出说明，并提供本人身份证或单位证明，可持银行本票向出票银行请求付款。

3.2.4 支票结算方式

支票是出票人签发的，委托办理存款业务的银行或其他金融机构，在见票时无条件支付确定的金额给收款人或者持票人的票据，实际上是存款人开出的付款通知。利用支票进行结算的方式称为支票结算方式。签发现金支票不得低于银行规定的结算金额起点，支票结算起点金额为 1 000 元，起点以下用库存现金支付，但结清账户时，可以不受结算起点的限制。以往支票只能用于同城结算，但随着信息化的发展，从 2007 年 6 月 25 日起，支票通过支票交换机可以实现通存通兑，既适用于同城之间进行结算，也适用于异地之间进行结算。

支票可分为现金支票、转账支票、普通支票三种（图 3.10）。现金支票（表 3-10）是开户单位用于向开户银行提取现金的凭证，只能用于支取现金，例如可以用于到银行为本单位提取现金，也可以签发给其他单位和个人用来办理结算或者委托银行代为支付现金给收款人。转账支票（表 3-11）是用于单位之间的商品交易、劳务供应或其他款项往来的结算凭证，只能用来转账结算，不能用来支取现金。普通支票既可以用来支取现金，也可以用来转账结算，但在普通支票左上角划两条平行线的，为划线支票，只能用于转账，不能支取现金。未划线者，可以用于支付现金。

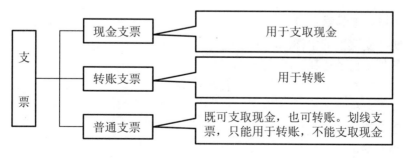

图 3.10 支票的种类

表 3-10　现金支票

中国工商银行现金支票存根
支票号码：$\frac{BY}{02}$ 00026110
附加信息
出票日期　年　月　日
收款人：
金　额：
用　途：
单位主管　　　会计

中国工商银行　现金支票（晋）　$\frac{BY}{02}$ 00026110
出票日期（大写）　　年　月　日　付款行名称
收款人：　　　　　　　出票人账号
人民币（大写）　亿 千 百 十 万 千 百 十 元 角 分
用途
上列款项请从
我账户内支付
出票人签章　　　复核　　　记账
本支票付款期十天

8 厘米 ×22.5 厘米，正联 17 厘米（底纹按行别分色，大写金额栏加红水纹）

表 3-11　转账支票

中国工商银行转账支票存根
支票号码：$\frac{BY}{02}$ 00038460
附加信息
出票日期　年　月　日
收款人：
金　额：
用　途：
单位主管　　　会计

中国工商银行　转账支票（晋）　$\frac{BY}{02}$ 00038460
出票日期（大写）　　年　月　日　付款行名称
收款人：　　　　　　　出票人账号
人民币（大写）　亿 千 百 十 万 千 百 十 元 角 分
用途
上列款项请从
我账户内支付
出票人签章　　　复核　　　记账
本支票付款期十天

8 厘米 ×22.5 厘米，正联 17 厘米（底纹按行别分色，大写金额栏加红水纹）

1. 签发支票必须记载事项

(1) 表明"支票"的字样。

(2) 无条件支付的委托。

(3) 确定的金额。

(4) 付款人名称。

(5) 出票日期。

(6) 出票人签章。

欠缺记载上列事项之一的，支票无效。

2. 支票结算的基本程序

根据支票处理的类型不同，可分为两类：一类是借记支票（Debit Check），即债权人向银行发出支付指令向债务人收款的划拨；另一类是贷记支票（Credit Check），即债务人向银行发出支付指令向债权人付款的划拨。

借记支票的处理程序（图3.11）是出票人向收款人出票以后，收款人将支票送交本单位的开户银行，由本单位的开户银行向出票人开户银行交换支票并清算资金，而后收托入账并通知收款人。

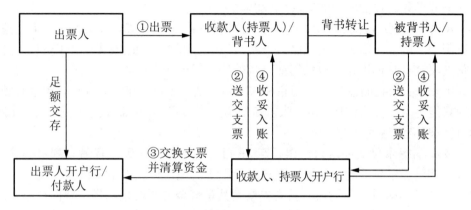

图 3.11　借记支票结算程序

贷记支票的处理程序（图3.12）是出票人向出票人开户银行提示付款，出票人开户银行与持票人开户行交换进账单并清算资金，而后收妥入账并通知收款人。

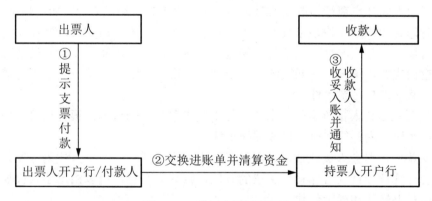

图 3.12　贷记支票结算程序

3. 支票结算应注意的事项

1）支票填写时应注意的问题

（1）出票日期（大写）与人民币（大写），具体要求见第1章数字书写技能中的中文大写数字书写技能。

（2）收款人：现金支票收款人可写为本单位名称，此时现金支票背面"被背书人"栏内加盖本单位的财务专用章和法人章，之后收款人可凭现金支票直接到开户银行提取现金

（由于有的银行各营业点联网，所以也可到联网营业点取款，具体要看联网覆盖范围而定）。现金支票收款人可写为收款人个人姓名，此时现金支票背面不盖任何章，收款人在现金支票背面填上身份证号码和发证机关名称，凭身份证和现金支票签字领款。转账支票收款人应填写为对方单位名称，转账支票背面本单位不盖章。收款单位取得转账支票后，在支票背面被背书栏内加盖收款单位财务专用章和法人章，填写好银行进账单后，连同该支票交给收款单位的开户银行委托银行收款。

（3）付款行名称、出票人账号：即为本单位开户银行名称及银行账号。例如"工行泉山支行九里分理处：1202027409900088888"账号小写。

（4）人民币小写：最高金额的前一位空白格用"¥"字头打掉，数字填写要求完整清楚。

（5）用途：现金支票有一定限制，一般填写"备用金""差旅费""工资""劳务费"等。转账支票没有具体规定，可填写如"货款""代理费"等等。

（6）盖章：支票正面盖财务专用章和法人章，缺一不可，印泥为红色，印章必须清晰，印章模糊只能将本张支票作废，换一张重新填写重新盖章。反面盖章与否见"（2）收款人"。

2）付款时应注意的问题

（1）支票的提示付款期限自出票日起10日内，但中国人民银行另有规定的除外。超过提示付款期限提示付款的，持票人开户银行不予受理，付款人不予付款。

（2）支票见票即付，不记名。丢失支票尤其是现金支票就是相当于票面金额数目的现金丢失，银行不承担责任。现金支票一般要素填写齐全，如果支票未被冒领，在开户银行挂失；转账支票如果支票要素填写齐全，在开户银行挂失，如果要素填写不齐，到票据交换中心挂失。

3）支票结算应注意的问题

（1）存款人向开户银行领取支票时，必须填写"支票领用单"，并加盖预留银行印鉴，经银行核对印鉴相符后，按规定收取工本费和手续费，发给空白支票，并在支票登记簿上注明领用日期、存款人名称、支票起止号码、以备查对。单位撤销、合并结清账户时，应将剩余的空白支票，填列一式两联清单，全部交回银行注销。清单一联由银行盖章后退交收款人，一联作清户传票附件。

（2）支票的出票人预留银行签章是银行审核支票付款的依据，银行也可以与出票人约定使用支付密码作为银行审核支付金额的条件。

（3）支票应由财会人员或使用人员签发，不得将支票交给收款人代为签发。支票存根要同其他会计凭证一样妥善保管。支票的金额、收款人名称，可以由出票人授权补记。未补记前不得背书转让和提示付款。

（4）签发支票应使用碳素墨水或墨汁填写，中国人民银行另有规定的除外。未按规定填写，被涂改冒领的，由签发人负责。支票上各项内容要填写齐全、内容要真实、字迹要清晰、数字要标准、大小写金额要一致。支票大小写金额、签发日期和收款人不得更改，其他内容如有更改，必须由签发人加盖预留银行印鉴证明。

（5）签发人必须在银行账户余额内按照规定向收款人签发支票。不准签发空头支票或印章与预留银行印鉴不符的支票，否则，银行除退票外还要按票面金额处以5%但不低于1 000元的罚款，另收2%的赔偿金给收款人。对屡次签发空头支票的，银行将根据情节给予警告、通报批评，直接停止其向收款人签发支票。

（6）收款人在接受付款人交来的支票时，应注意审核以下内容：支票收款人或被背书人是否确为本收款人；支票签发日期是否在付款期内；大小写金额是否一致；背书转让的支票及其背书是否连续，有无"不准转让"字样；支票是否按规定用墨汁或碳素墨水填写；大小写金额、签发日期和收款人名称有无更改；其他内容更改后是否加盖印鉴证明；签发人盖章是否齐全等。

除此之外还需注意的是：①支票正面不能有涂改痕迹，否则本支票作废；②受票人如果发现支票填写不全，可以补记，但不能涂改；③支票的有效期为10天，日期首尾算一天，节假日顺延；④出票单位现金支票背面有印章盖模糊，可把模糊印章打叉，重新再盖一次；⑤收款单位转账支票背面印章盖模糊（此时票据法规定是不能以重新盖章方法来补救的），收款单位可带转账支票及银行进账单到出票单位的开户银行去办理收款手续（不用付手续费），俗称"倒打"，这样就用不着到出票单位重新开支票了。

3.3 票据结算之外的结算方式

根据中国人民银行颁布的《支付结算办法》以及有关规范性文件，票据结算之外的结算方式主要包括汇兑、委托收款、托收承付、银行卡、电子支付等几种。下面分别一一说明。

3.3.1 汇兑结算方式

汇兑是汇款人委托银行将款项汇给外地收款人的结算方式，适用于异地单位、个体经济户和个人各种款项的结算。根据凭证传递方式不同，汇兑可分为信汇和电汇两种（图3.13），汇款人可根据需要选择使用。

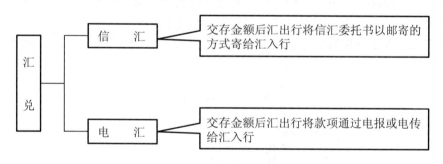

图3.13 汇兑的种类

信汇是汇款人向银行提出申请，同时交存一定金额及手续费，汇出行将信汇委托书以邮寄方式寄给汇入行，授权汇入行向收款人解付一定金额的一种汇兑结算方式。采用信汇的汇款单位应填制一式四联的"信汇凭证"，第一联为"回单"（表3-12），是汇出行受理信汇凭证后给汇款人的回单；第二联为"支款凭证"，是汇款人委托开户银行办理信汇时转账付款的支付凭证；第三联为"收款凭证"，是汇入行将款项收入收款人账户后的收款凭证；第四联为收账通知或取款收据，是给直接计入收款人账户后通知收款人的收款通知，或不直接记入账户的收款人凭以领取款项的取款收据。汇款单位根据银行盖章退回的第一联信汇凭证，编制付款凭证。收款单位对于通过信汇方式汇入的款项，应在收到银行的收账通知时，编制收款凭证。

表 3-12　信汇回单

XX 银行信汇凭证（回单）1

委托日期　年　月　日　　　　　　　　　　　　　　　　第　号

汇款人	全称				收款人	全称											此联汇出行给汇款人的回单
	账号					账号											
	汇出地点	市　县		汇出行名称		汇入地点	市　县			汇入行名称							
金额		人民币（大写）					亿	千	百	十	万	千	百	十	元	角	分
汇款用途_____ 单位主管　会计　复核　记账					汇出行盖章 　　　　　　　　　年　月　日												

8.5 厘米 ×17.5 厘米（白纸黑油墨）

电汇是汇款人将一定款项交汇款银行，汇款银行通过电报或电传给目的地的分行或代理行（汇入行），指示汇入行向收款人支付一定金额的汇兑结算方式。采用电汇的汇款单位应填制一式三联的"电汇凭证"，第一联为"回单"，是汇出行给汇款人的回单（表3-13）；第二联为"支款凭证"，是汇出银行办理转账付款的支款凭证；第三联为"发电依据"，是汇出行凭此向汇入行拍发电报的依据。汇款单位根据银行盖章退回的第一联电汇凭证，编制付款凭证。收款单位对于通过电汇的方式汇入的款项，应在收到银行的收账通知时，编制收款凭证。

表 3-13　电汇回单

XX 银行电汇凭证（回单）1

普通　加急　　　　　　　　委托日期　年　月　日

汇款人	全称			收款人	全称										此联汇出行给汇款人的回单
	账号				账号										
	汇出地点				汇入地点										
汇出行名称				汇入行名称											
金额		人民币（大写）				千	百	十	万	千	百	十	元	角	分
		单位主管：　会计：　复核：　记账：							汇出行盖章 年　月　日						

8.5 厘米 ×17.5 厘米（白纸黑油墨）

1. 签发汇兑凭证必须记载事项

（1）表明"信汇"或"电汇"的字样。
（2）无条件支付的委托。
（3）确定的金额。
（4）收款人名称。
（5）汇款人名称。
（6）汇入地点、汇入行名称。
（7）汇出地点、汇出行名称。
（8）委托日期。
（9）汇款人签章。

汇兑凭证上欠缺上列记载事项之一的，银行不予受理。汇兑凭证记载的汇款人名称、收款人名称，其在银行开立存款账户的，必须记载其账号。欠缺记载的，银行不予受理。委托日期是指汇款人向汇出银行提交汇兑凭证的当日。

2. 汇兑结算的基本程序

1）信汇结算程序

汇款人办理信汇时应填写信汇凭证一式四联，送交本单位开户银行办理信汇。银行受理后，将第一联回单退给汇款人记账，银行留下第二联支款凭证用于银行记账，将第三联和第四联传给收款银行。收款银行收到凭证后，留下第三联收款凭证用于记账，将第四联传给收款人，收款人收到第四联收账通知后，进行账务处理。

2）电汇结算程序

汇款人办理电汇时应填写电汇凭证一式三联，送交本单位开户银行办理电汇。银行受理后，将第一联回单退给汇款人记账，留下第二联支款凭证用于银行记账，依据第三联编制电划代收报单向收款银行拍发电报。收款银行收到电报后，签发电划代收补充报单一式三联，将第三联传给收款人，收款人凭代收报单第三联进行账务处理。

汇兑结算的基本程序如图 3.14 所示。

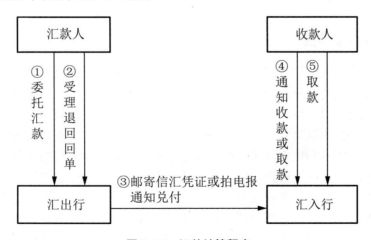

图 3.14　汇兑结算程序

3. 汇兑结算应注意的问题

1）出票时应注意的问题

（1）汇兑凭证上记载收款人为个人的，收款人需要到汇入银行领取汇款，汇款人应在汇兑凭证上注明"留行待取"字样；留行待取的汇款，需要指定单位的收款人领取汇款的，应注明收款人的单位名称；信汇凭收款人签章支取的，应在信汇凭证上预留其签章。汇款人确定不得转汇的，应在汇兑凭证备注栏注明"不得转汇"字样。

（2）汇款人和收款人均为个人，需要在汇入银行支取现金的，应在信汇、电汇凭证的"汇款金额"大写栏，先填写"现金"字样，后填写汇款金额。

（3）未在银行开立存款账户的收款人，凭信汇、电汇的取款通知，向汇入银行支取款项，必须交验本人的身份证件，在信汇、电汇凭证上注明证件名称、号码及发证机关，并在"收款人签盖章"处签章，"留行待取"的处理方法与此相同。信汇凭签章支取的，收款人的签章必须与预留信汇凭证上的签章相符。银行审查无误后，以收款人的姓名开立应解汇款及临时存款账户，该账户只付不收，付完清户，不计付利息。支取现金的，信、电汇凭证上必须有按规定填明的"现金"字样，才能办理。未填明"现金"字样，需要支取现金的，由汇入银行按照国家现金管理规定审查支付。收款人需要委托他人向汇入银行支取款项的，应在取款通知上签章，注明本人身份证件名称、号码、发证机关和"代理"字样以及代理人姓名。代理人代理取款时，也应在取款通知上签章，注明其身份证件名称、号码及发证机关，并同时交验代理人和被代理人的身份证件。转账支付的，应由原收款人向银行填制支款凭证，并由本人交验其身份证件办理支付款项。该账户的款项只能转入单位或个体工商户的存款账户，严禁转入储蓄和信用卡账户。转汇的，应由原收款人向银行填制信汇、电汇凭证，并由本人交验其身份证件。转汇的收款人必须是原收款人。原汇入银行必须在信汇、电汇凭证上加盖"转汇"戳记。

2）付款时应注意的问题

汇款人对汇出银行尚未汇出的款项可以申请撤销。申请撤销时，应出具正式函件或本人身份证件及原信汇、电汇回单。汇出银行查明确未汇出款项的，收回原信汇、电汇回单，方可办理撤销。

3.3.2 委托收款结算方式

委托收款是收款人向银行提供收款依据，委托银行向付款人收取款项的结算方式。凡在银行或其他金融机构开设账户的单位和个体经济户的商品交易、公用事业单位向用户收取水电费、邮电费、煤气费、公房租金等劳务款项以及其他应收款项，无论是在同城还是异地，均可使用委托收款结算方式，且不受金额起点限制。根据委托收款结算款项的划回方式不同，可分为邮寄和电报两种，简称邮划和电划，由收款人根据缓急程度选用。目前委托收款结算方式与下面要讲到的托收承付结算方式所使用的凭证均是一式五联（表3-14）的"托收凭证"，各联次的名称及作用分别为：第一联为回单，由银行盖章后退给收款单位；第二联为收款凭证，收款单位开户银行作收入传票；第三联为支款凭证，付款人开户银行作付出传票；若采用邮寄划款方式第四联为收账通知，是收款单位开户银行在款项收妥后给收款人的收账通知；若采用电报划款方式第四联为拍发电报的依据，付款单位开户银行凭此向收款单位开户银行拍发电报；第五联为付款通知，是付款人开户银行给付款单位按期付款的通知。

表3-14　托收凭证（回单）1　　　委托号码：

委托日期　年　月　日

业务类型		委托收款（□邮划、□电划）托收承付（□邮划、□电划）											
付款人	全　称			收款人	全　称								
	账号或地址				账号或地址								
	开户行				开户行								
金额	人民币（大写）					亿	千	百	十	万	千	百	十	元	角	分
款项内容		托收凭据名　称				附寄单证张数							
商品发运情况				合同名称号码									
备注：		上列款项： 1. 已全部划回收入你方账户。 2. 全部未收到。		收款人开户银行签章 　　　　　　　　年　月　日									

此联收款人开户行给收款人的回单

10厘米×17.5厘米（白纸蓝油墨）

1. 签发托收凭证必须记载事项

（1）表明"托收凭证"的字样。

（2）确定的金额。

（3）付款人名称。

（4）收款人名称。

（5）托收凭据名称及附寄单证张数。

（6）委托日期。

（7）收款人签章。

欠缺记载上列事项之一的，银行不予受理。

2. 委托收款结算程序

1）邮划结算程序

收款人委托本单位开户银行收款时，应填写托收凭证一式五联，连同有关收款单据送交开户银行。开户银行审查无误后，将第一联回单加盖印章后退给收款人，留下第二联收款凭证，将第三联、第四联、第五联传给付款人开户银行。付款人开户银行收到传来的凭证后，将第五联付款通知传给付款人。当付款人同意付款或付款期满后，付款银行根据第三联支款凭证作付款处理，并编制邮划代收报单，连同第四联邮给收款人开户银行。收款人开户银行收到付款银行邮来的第四联凭证和代收报单后，经核实予以转账，并将第四联收款通知传给收款人，收款人根据收款通知进行收款入账。

2）电划结算程序

电划结算程序与邮划结算程序基本相同，其区别在于收款通知传递的方式不同，当付款人同意付款后，付款银行将编制电划代收报单，采用发报的方式，通知收款银行收款。

委托收款结算程序如图 3.15 所示。

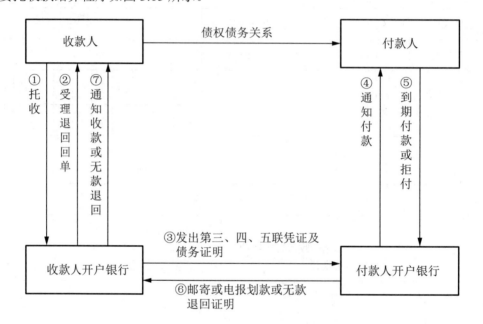

图 3.15　委托收款结算程序

3.委托收款结算应注意的问题

1）出票时应注意的问题

（1）委托收款在同城、异地均可以使用。

（2）收款人办理委托收款应向银行提交委托收款凭证和有关的债务证明。

（3）委托收款以银行以外的单位为付款人的，委托收款凭证必须记载付款人开户银行名称；以银行以外的单位或在银行开立存款账户的个人为收款人的，委托收款凭证必须记载收款人开户银行名称；未在银行开立存款账户的个人为收款人的，委托收款凭证必须记载被委托银行名称。欠缺记载的，银行不予受理。

2）付款时应注意的问题

（1）付款人应于接到通知的当日书面通知银行付款。根据有关办法规定，付款人未在接到通知日的次日起 3 日内通知银行付款，视同付款人同意付款，银行应于付款人接到通知日次日起第 4 日上午开始营业时，将款项划给收款人。

（2）付款人提前收到由其付款的债务证明，应通知银行于债务证明的到期日付款。付款人未于接到通知日的次日起 3 日内通知银行付款，付款人接到通知日的次日起第 4 日在债务证明到期日之前的，银行应于债务证明到期日将款项划给收款人。

（3）银行在办理划款时，付款人存款账户不足支付的，应通过被委托银行向收款人发出未付款项通知书。按照有关办法规定，债务证明留存付款人开户银行的，应将其债务证明连同未付款项通知书邮寄被委托银行转交收款人。

3.3.3 托收承付结算方式

托收承付又称异地托收承付结算，是销货方根据合同发货后，委托银行向异地购货单位收取货款，购货单位根据合同核对单证或验货后，向银行承兑付款的一种结算方式，适用于异地订有经济合同的商品交易及相关劳务款项的结算。但代销、寄销、赊销商品的款项，不得办理托收承付结算。托收承付结算每笔的金额起点为 10 000 元，新华书店系统每笔金额起点为 1 000 元。托收承付结算款项的划回方式，分邮寄和电报两种，电报划款比邮寄划款速度快，托收方可以根据缓急程度选用。托收承付结算方式所使用的凭证与委托收款结算方式相同，均为托收凭证，各联次的名称及作用前已述及。

1. 签发托收凭证记载事项

签发托收凭证必须记载事项同前，在此不再复述。

2. 托收承付结算程序

托收承付结算方式的结算程序与委托收款结算方式的结算程序基本相同，在此不再复述（图 3.16）。

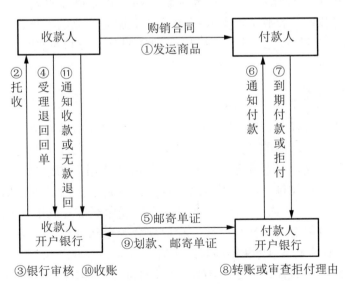

图 3.16　托收承付结算程序

3. 托收承付结算应注意的问题

1) 出票时应注意的问题

（1）办理托收承付结算的款项，必须是商品交易以及因商品交易而产生的劳务供应的款项。代销、寄销、赊销商品的款项，不得办理托收承付结算。

（2）收付双方使用托收承付结算必须签有符合相关法律规定的购销合同，并在合同上商定使用托收承付结算方式。

（3）付款人开户银行收到托收凭证及其附件后，应当及时通知付款人。通知的方法，可以根据具体情况与付款人签订协议，采取付款人来行自取、派人送达、对距离较远的付款人邮寄等。付款人应在承付期内审查核对，安排资金。

2) 付款时应注意的问题

（1）承付货款分为验单付款和验货付款两种，由收付双方商量选用，并在合同中明确规定。验单付款的承付期为3天，从付款人开户银行发出承付通知的次日算起（承付期内遇法定休假日顺延）。付款人在承付期内，未向银行表示拒绝付款，银行即视作承付，并在承付期满的次日（法定休假日顺延）上午银行开始营业时，将款项主动从付款人的账户内付出，按照收款人指定的划款方式，划给收款人。验货付款的承付期为10天，从运输部门向付款人发出提货通知的次日算起。对收付双方在合同中明确规定，并在托收凭证上注明验货付款期限的，银行从其规定。付款人收到提货通知后，应立即向银行交验提货通知。付款人在银行发出承付通知的次日起10天内，未收到提货通知的，应在第10天将货物尚未到达的情况通知银行，若在第10天付款人没有通知银行，银行即视作已经验货，于第10天期满的次日上午银行开始营业时，将款项划给收款人。若在第10天付款人通知银行货物未到，而以后收到提货通知没有及时送交银行的，银行仍按10天期满的次日作为划款日期，并按超过的天数，计扣逾期付款赔偿金。采用验货付款的，收款人必须在托收凭证上加盖明显的"验货付款"字样戳记。托收凭证未注明验货付款，经付款人提出合同证明是验货付款的，银行可按验货付款处理。

3.3.4 银行卡结算方式

银行卡是指商业银行（含邮政金融机构）向社会发行的具有消费信用、转账结算、存取现金等全部或部分功能的信用支付工具。银行卡与原来意义上的由银行发行的"信用卡"具有相同的意义，只是由于"信用卡"具有"信用"的意义，而原来意义上由银行发行的"信用卡"不仅包括具有"信用"含义的贷记卡，而且也包括不具有"信用"意义的借记卡，并且多为后者。因此以"信用卡"的概念概括商业银行（含邮政金融机构）向社会发行的具有消费信用、转账结算、存取现金等全部或部分功能的特制载体卡片，名不符实。中国人民银行于1999年颁布的《银行卡业务管理办法》，使用了"银行卡"的概念，并且对信用卡的含义作了新的界定，即将信用卡限于贷记卡和准贷记卡两类，不包括借记卡。从发卡银行是否给予持卡人信用额度来分，银行卡可分为信用卡和借记卡（图3.17）。

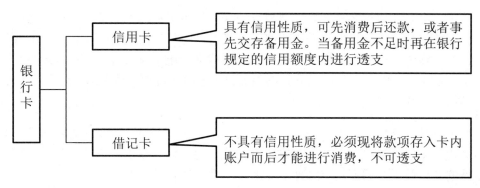

图 3.17　银行卡的种类

信用卡是指发卡银行给予一定的信用额度，持卡人可在信用额度内先消费后还款，或者先按发卡银行的要求交存一定金额的备用金，当备用金账户余额不足支付时，可在发卡银行规定的信用额度内透支的银行卡。借记卡是指持卡人先将款项存入卡内账户然后进行消费的银行卡。根据《银行卡业务管理办法》和《支付结算办法》的有关规定，单位卡和个人卡的申请和使用不尽相同。在此仅介绍单位卡的申领与使用。

1. 单位卡的申领与使用

凡申领单位卡的单位，必须在中国境内金融机构开立基本存款账户，凭中国人民银行核发的开户许可证申领单，并按规定填制申请表，连同有关资料一并送交发卡银行。该单位符合条件并按银行要求交存一定金额的备用金后，银行为申领人开立银行卡存款账户，并发给银行卡。单位卡可以申领若干张，持卡人的资格由申领单位法定代表人或其委托的代理人书面指定和注销。单位卡有单位人民币卡和单位外币卡之分，单位申领单位外币卡以及使用单位外币卡应当遵循国家外汇管理的有关规定。

在单位卡的使用过程中，其账户的资金一律从其基本存款账户转账存入，不得交存现金，不得将销货收入的款项存入其账户。单位卡的持卡人不得用于 10 万元以上的商品交易、劳务供应款项的结算，并一律不得支取现金。如果需要向其账户续存资金的，单位卡的持卡人必须按前述转账方式转账存入。

2. 银行卡结算方式应注意的问题

（1）同一持卡人单笔透支发生额单位卡不得超过 5 万元（含等值外币）。

（2）同一账户月透支余额，单位卡不得超过发卡银行对该单位综合授信额度的 3%，无综合授信额度可参照的单位，其月透支余额不得超过 10 万元（含等值外币）。

（3）外币卡的透支额度不得超过持卡人保证金（含储蓄存单质押金额）的 80%。

3.3.5　电子支付结算方式

随着微电子技术的发展，信息技术的日益成熟，采用电子支付方式进行货币给付及其资金清算的电子银行也逐步兴起。为规范电子支付业务，防范支付风险，保证资金安全，维护银行及其客户在电子支付活动中的合法权益，促进电子支付业务健康发展，中国人民银行制定了《电子支付指引(第一号)》，于 2005 年 10 月 26 日制定并予以施行。电子支付是指单位、个人（简称客户）直接或授权他人通过电子终端发出支付指令，实现货币支付与资金转移的行为。这里所指的电子终端是指客户可用以发起电子支付指令的计算机、电话、销售点终端、自动柜员机、移动通信工具或其他电子设备等。根据发起电子支付指令的电子终端不同，电子支付可以分为网上支付、电话支付、移动支付、销售点终端交易、自动柜员机交易和其他电子支付等类型。

1. 电子支付的特征

（1）电子支付通过电子数字化形态进行款项支付，而传统支付方式则是通过现金的流转、票据的转让及银行的汇兑等物理实体形态完成款项支付。

（2）电子支付的工作环境是一个开放性的系统平台，而传统支付方式则是在一个较为封闭的系统中运行。

（3）电子支付使用的是先进的网络和通讯等手段，而传统支付使用的是传统的通信媒介。

（4）电子支付具有不受时空限制的功能，而传统支付往往会受到时空限制的影响，因此电子支付具有方便、快捷、高效、经济的优点。

在这里我们重点介绍网上支付结算方式。网上支付结算方式是指银行通过电脑和互联网（或其他公用网）向企业提供金融服务的业务处理系统。它是一种全新的业务渠道和客户服务平台，客户不用前往银行柜台，就可以享受到全天候、跨地域的银行服务。

2. 网上支付结算方式

目前很多企业广泛利用网上银行开展各项资金结算业务。以中国工商银行为例，企业利用网上银行办理资金结算业务，首先需向开户行提出网上银行的开户申请，索取企业网上银行注册申请表格，并仔细阅读《中国工商银行网上银行业务章程》和《中国工商银行网上银行企业客户服务协议》等资料。此外还需提交以下资料：

（1）有关部门核发的法人代码证及复印件。

（2）填写企业网上银行申请表，加盖公章与法人代表签字。申请表包括：网上银行企业客户注册申请表、企业或集团外常用账户信息表、客户证书信息表、企业贷款账户信息表以及分支机构信息表。可以在网上银行注册的账户有：企业的基本账户、一般账户和专用账户，此外还可以注册贷款账户、外币账户（集团外币账户间可以相互资金划拨）。

3. 网上支付结算方式申请程序

（1）企业客户申请网上银行条件：客户应在某一银行任意营业网点开立结算账户，客户向主账户开户行（以下简称受理行）提供申请资料，填写相关申请表。申请资料包括：营业执照正本，企业法人代码证正本，法定代表人、授权经办人、网银系统管理员身份证等资料复印件（复印件需加盖客户公章），将原件与复印件同时交受理行。

（2）受理行审核客户资料及申请表，与客户签订《××银行网上银行客户协议书》，然后将所有申请资料提交至某一银行总行，代客户开通网银服务。

（3）受理行代为领取客户申请资料及登陆要件，并及时反馈给客户。登录要件包括移动数字证书和密码信封，企业每一操作人员均有一套登录要件。客户需认真审核要件是否齐备，密码信封是否完好，有无拆封和损坏痕迹。

（4）输入申请银行网址，单击"网上银行登录"。

(5) 下载并安装相关软件。

(6) 单击"企业网上银行",进入登录界面。

(7) 客户如为首次使用,或使用后发生了操作人员的新增、证书挂失、密码挂失、证书到期换发等情况,必须由"系统管理员"角色进入登录界面单击"激活申请"按要求提出申请。银行同意后,相应操作人员才能成功登录。

(8) 客户操作员按登录界面提示逐步操作,实现登录。

(9) 具体业务处理流程请参考申请银行相关规定。

除了实现企业网上银行外,更简便、更深入的方式还可以实现银企互联服务,它是指客户可以通过自己的财务软件系统或企业资源规划(ERP)系统直接访问银行的网上银行系统,实现查核账户信息、下载信息、支付结算服务费和其他费用、进行资金划拨、征收款项和进行现金集中管理等功能。可以说,企业网银的发展,已经从代替柜台向超越柜台的方向发展。

网上支付结算方式申请程序如图 3.18 所示。

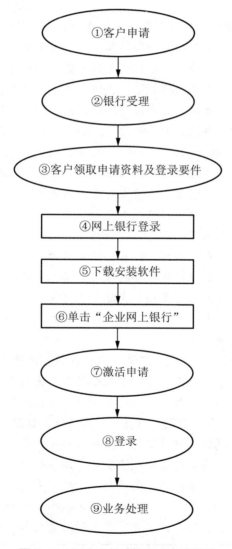

图 3.18 网上支付结算方式申请程序

4.电子支付结算方式应注意的问题

(1)建立有效的安全管理制度。银行应针对与电子支付业务活动有关的风险,建立有效的管理制度。这类制度包括但不限于计算机设备安全管理制度、计算机网络系统安全管理制度、数据库安全管理制度、电子交易安全管理制度等。

(2)银行为客户办理电子支付业务,单位客户从其银行结算账户支付给个人银行结算账户的款项,其单笔金额不得超过5万元人民币,但银行与客户通过协议约定,能够事先提供有效付款依据的除外。

本章小结

本章主要讲授支付结算、票据结算方式与票据结算之外的结算方式等有关内容,基本要点如下。

(1)支付结算。支付结算是指单位、个人在社会经济活动中使用票据、汇兑、委托收款、托收承付、银行卡和电子支付等结算方式进行货币给付及其资金清算的行为。基本原则是"恪守信用、履约付款;谁的钱进谁的账,由谁支配;银行不垫款"。现行的支付结算方式包括:银行汇票、商业汇票、银行本票、支票、汇兑、委托收款、托收承付、银行卡、电子支付共九种。其中银行汇票、商业汇票、银行本票、支票属于票据结算方式;汇兑、委托收款、托收承付、银行卡、电子支付属于票据结算之外的结算方式。

(2)票据结算方式。银行汇票、商业汇票、银行本票、支票属于票据结算方式。银行汇票是汇款人将款项交存当地银行,由银行签发给汇款人持往同城或异地办理转账结算或支取现金的票据。商业汇票是出票人签发、由承兑人承兑,并于到期日向收款人或被背书人无条件支付款项的票据,根据承兑人不同,分为商业承兑汇票和银行承兑汇票。银行本票是申请人将款项交存银行,由银行签发的承诺自己在见票时无条件支付确定的金额给收款人或者持票人的票据,按其金额不同分为定额本票和不定额本票两种。支票是出票人签发的,委托办理存款业务的银行或其他金融机构,在见票时无条件支付确定的金额给收款人或者持票人的票据,实际上是存款人开出的付款通知,分为现金支票、转账支票、普通支票三种。在使用票据结算方式时,票据必须记载事项需填写齐全,欠缺记载事项之一的,票据无效。

(3)票据结算之外的结算方式。汇兑、委托收款、托收承付、银行卡、电子支付属于票据结算之外的结算方式。汇兑是汇款人委托银行将款项汇给外地收款人的结算方式,根据凭证传递方式不同,分为信汇和电汇两种。委托收款是收款人向银行提供收款依据,委托银行向付款人收取款项的结算方式。根据委托收款结算款项的划回方式不同,可分为邮寄和电报两种。托收承付是销货方根据合同发货后,委托银行向异地购货单位收取货款,购货单位根据合同核对单证或验货后,向银行承兑付款的一种结算方式。银行卡是指商业银行(含邮政金融机构)向社会发行的具有消费信用、转账结算、存取现金等全部或部分功能的信用支付工具。电子支付是指单位、个人(简称客户)直接或授权他人通过电子终端发出支付指令,实现货币支付与资金转移的行为。

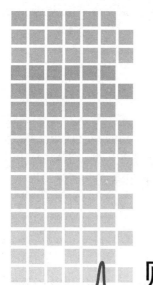

第4章 财务报表编制与分析技能

学习目标

通过本章的学习,了解对外报送的主要财务报表的种类、所有者权益变动表和现金流量表的编制方法,以及财务报表的分析方法;熟悉财务报表反映的内容,以及我国财务报表的评价指标体系;掌握资产负债表和利润表的编制原则与方法,能够运用主要财务报表的分析指标对企业的财务状况、经营成果和现金流量进行评价。

技能要求

通过本章的学习,了解所有者权益变动表和现金流量表的编制方法、财务指标综合评价的内容和方法、杜邦财务指标评价系统;掌握资产负债表和利润表的编制方法,能够运用财务报表的分析方法对企业的偿债能力、营运能力、盈利能力和综合财务能力进行分析和评价。

学习指导

本章的重点是资产负债表和利润表的编制,能够运用财务报表指标对企业的偿债能力、营运能力、盈利能力和综合财务能力进行分析和评价。

本章的难点是所有者权益变动表和现金流量表的编制,以及计算综合财务指标,并运用该指标对企业的综合财务能力进行分析和评价。

4.1 财务报表概述

4.1.1 财务报表的概念及分类

财务报表是综合反映企业某一特定日期的财务状况和某一会计期间的经营成果、现金流量等会计信息的总结性书面文件。我国企业必须向外提供的财务报表至少应当包括资产负债表、利润表、现金流量表、所有者权益(或股东权益)变动表和附注五个部分。

财务报表可以根据不同的需要,按照不同的标准进行分类。

(1)按照财务报表反映的内容,可以分为静态报表和动态报表。静态报表是综合反映企业在一定时点的资产、负债和所有者权益的财务报表。动态报表是指反映企业在一定时期内资金耗费和资金收回的财务报表。

(2)按照财务报表编报的时间,可以分为中期报表(月报、季报、半年报以及短于一年的报表)和年度报表。中期报表要求简明扼要、及时反映;年度报表要求揭示完整,反映全面。

(3)按照财务报表的编制单位,可以分为单位报表和汇总报表。单位报表是指企业在会计核算的基础上,对账簿记录进行加工而编制的财务报表,以反映企业自身的财务状况、经营成果、所有者权益变动和现金流量。汇总报表是指企业主管部门或上级机关根据所属单位报送的财务报表,连同本单位财务报表汇总编制的综合性财务报表。

(4)按照财务报表使用的数据,可以分为个体报表和合并报表。个体报表是反映一个会计主体财务状况、经营成果、所有者权益变动和现金流量的财务报表。合并报表是反映母公司和其子公司的整体财务状况、经营成果和现金流量的财务报表。

(5)按照财务报表的服务对象,可以分为内部报表和外部报表。内部报表是指为适应企业内部管理需要而编制的不需要对外公布的财务报表,它一般没有统一的格式,也没有统一的指标体系。外部报表是指企业向外提供的、供外部信息用户使用的财务报表,具有统一的格式。

4.1.2 编制财务报表的基本要求

财务报表是企业投资者、债权人、政府有关部门及其他使用者获取企业财务信息的主要来源,其编制质量直接影响到报表使用的效果。为了能够切实满足财务报表使用者的需要,充分发挥财务报表的作用,以便及时、准确、完整地反映企业的财务状况和经营成果,对财务报表的编制有以下基本要求。

1. 真实可靠

真实可靠是指财务报表的信息应能够如实地反映企业财务状况和经营情况,不应当存在重大差错和主观偏见,而应该做到客观、准确。应当在核实后的账簿资料基础上,对其加工、筛选和整理之后进行编制,做到报表上的数字真实、准确。

2. 全面完整

全面完整是指财务报表应当能够全面完整地反映企业财务状况、经营成果、所有者权益变动和现金流量。从形式上看，在编制时不要漏项、漏页、漏表；从内容上看，对一些重要事项，应在财务报表的主体部分之外，用括号、附注、附表等加以说明。企业编制的财务报表，只有做到全面地反映企业财务情况，提供完整的财务会计信息，才能满足各方面对财务信息资料的需要。

3. 相关可比

相关是指财务报表提供的信息与使用者的决策有关，没有必要向报表使用者报告与他们决策无关的信息，财务报表提供的信息应有助于使用者的决策，这是编制财务报表的目的所在。可比是指同一企业编制的财务报表应在不同年度具有可比性，这就要求会计人员在处理会计业务时，采用的会计程序和方法应保持时间的一致性。

4. 编报及时

编报及时是指企业应在规定的时间内及时编制、报送各种财务报表，以满足有关各方对财务报表信息的需求。否则，由于编制、报送不及时，即使是最真实、可靠、完整、全面的财务报表，对于报表使用者而言，也是没有任何价值的。按照我国会计报表报送期限的规定，月度报表应在月末终了后 6 天内（节假日顺延，下同）对外提供，季度报表应在季末终了后 15 天内对外提供，半年度报表应在年度中期结束后 60 天内对外提供，年度报表应在年度终了后 4 个月内对外提供。

4.2　资产负债表

4.2.1　资产负债表的概念

资产负债表也称为财务状况表，是反映企业在某一特定日期的财务状况报表。通过资产负债表，可以反映出企业资产的总量及其结构，为企业合理配置经济资源提供依据；通过资产负债表，可以反映出某一日期结束时负债的总额及结构、企业未来需要用多少资产或劳务抵偿这些债务，并将它们同资产状况联系起来，从而反映出企业的长、短期偿债能力；通过资产负债表，还可以了解企业所有者权益的大小及所有者权益的结构。资产负债表属于企业对外财务报表，要求按月编制、按年编制。

4.2.2　资产负债表的格式

目前国际上比较流行的资产负债表格式有两种：一种是报告式，另一种是账户式。报告式资产负债表又称为垂直式或上下结构式资产负债表，是将资产负债表的项目自上而下排列，首先列示资产数额，然后列示负债数额，最后列示所有者权益数额，其基本格式见表 4-1。

财会技能实训

表 4-1 资产负债表(报告式)

项 目	金 额
资产	
流动资产:	
货币资金	×××
……	……
长期资产:	
长期投资	×××
……	……
资产合计	×××
负债	
流动负债:	
短期借款	×××
……	……
长期负债:	
长期借款	×××
……	……
负债合计	×××
所有者权益	
实收资本	×××
……	……
所有者权益合计	×××

　　账户式资产负债表又称为平衡表,是按照 T 形账户的形式设计资产负债表的结构,其中左方为资产,右方为负债和所有者权益,左、右两方平衡相等。按照我国《企业会计准则》的规定,企业的资产负债表应采用账户式。企业账户式资产负债表的格式见表 4-2。

表 4-2 资产负债表

编制单位:　　　　　　　　　　　　　年 月 日　　　　　　　　　　　　　单位:元

资产	期末余额	期初余额	负债及所有者权益（或股东权益）	期末余额	期初余额
流动资产:			流动负债:		
货币资金			短期借款		
以公允价值计量且其变动计入当期损益的金融资产			以公允价值计量且其变动计入当期损益的金融负债		
应收票据			应付票据		
应收账款			应付账款		
预付款项			预收款项		
应收利息			应付职工薪酬		
应收股利			应交税费		
其他应收款			应付利息		
存货			应付股利		

续表

资产	期末余额	期初余额	负债及所有者权益（或股东权益）	期末余额	期初余额
一年内到期的非流动资产			其他应付款		
其他流动资产			一年内到期的非流动负债		
			其他流动负债		
流动资产合计			流动负债合计		
非流动资产：			非流动负债：		
可供出售金融资产			长期借款		
持有至到期投资			应付债券		
长期应收款			长期应付款		
长期股权投资			专项应付款		
投资性房地产			预计负债		
固定资产			递延收益		
在建工程			递延所得税负债		
工程物资			其他非流动负债		
固定资产清理			非流动负债合计		
生产性生物资产			负债合计		
油气资产			所有者权益(或股东权益)：		
无形资产			实收资本（或股本）		
开发支出			资本公积		
商誉			减：库存股		
递延所得税资产			其他综合收益		
其他非流动资产			盈余公积		
			未分配利润		
非流动资产合计			所有者权益（或股东权益）合计		
资产总计			负债和所有者权益（或股东权益）总计		

公司法定代表人：　　　　主管会计工作负责人：　　　　会计机构负责人：

4.2.3 资产负债表的编制方法

1. 试算准备工作

企业在正式编制资产负债表之前，应当先根据总账的期末余额编制"账户余额试算平衡表"，对日常账簿记录的正确性进行复核、检查。在试算平衡以后，再根据"账户余额试算平衡表"和有关的明细账户，正式编制资产负债表，以便尽量减少在编制过程中的差错。

2. 资产负债表中"年初数"填法

表中"年初数"栏内各项数字应当根据上年末资产负债表"期末数"栏内所列的数字填列。如果本年度资产负债表规定的各个项目的名称和内容与上年度不一致,应对上年末资产负债表各项目的名称和数字按照本年度的规定进行调整,填入报表中的"年初数"栏目内。

3. 资产负债表内各项目的具体填列方法

1)直接根据总账科目的余额填列

例如,交易性金融资产、固定资产清理、长期待摊费用、递延所得税资产、短期借款、交易性金融负债、应付票据、应付职工薪酬、应交税费、应付利息、应付股利、其他应付款、递延所得税负债、实收资本、资本公积、库存股、盈余公积等项目,应当根据相关总账科目的余额直接填列。

2)根据几个总账科目的余额计算填列

例如,"货币资金"项目,应当根据"库存现金""银行存款""其他货币资金"等科目期末余额合计填列。

3)根据有关明细科目的余额计算填列

例如,"应付账款"项目,应当根据"应付账款""预付账款"等科目所属明细科目期末贷方余额合计填列。

4)根据总账科目和明细科目的余额分析计算填列

例如,"长期应收款"项目,应当根据"长期应收款"总账科目余额,减去"未实现融资收益"总账科目余额,再减去所属相关明细科目中将于一年内到期的部分填列;"长期借款"项目,应当根据"长期借款"总账科目余额扣除"长期借款"科目所属明细科目中将于一年内到期的部分填列;"应付债券"项目,应当根据"应付债券"总账科目余额扣除"应付债券"科目所属明细科目中将于一年内到期的部分填列;"长期应付款"项目,应当根据"长期应付款"总账科目余额,减去"未确认融资费用"总账科目余额,再减去所属相关明细科目中将于一年内到期的部分填列。

5)根据总账科目与其备抵科目抵消后的净额填列

例如,"存货"项目,应当根据"原材料""库存商品""发出商品""周转材料"等科目期末余额,减去"存货跌价准备"科目期末余额后的金额填列;"持有至到期投资"项目,应当根据"持有至到期投资"科目期末余额,减去"持有至到期投资减值准备"科目期末余额后的金额填列;"固定资产"项目,应当根据"固定资产"科目期末余额,减去"累计折旧""固定资产减值准备"等科目期末余额后的金额填列。

4.3 利润表

4.3.1 利润表的概念

利润表又称为损益表或收益表,是反映企业在一定期间内的经营成果的报表。通过利润表提供的收入、成本和费用信息,可以反映企业成本费用的耗费水平和企业收入的主要来源渠道,分析企业主营业务收入和非主营业务收入的比例关系,判断收入的成长性如何。此外,将利润表不同时期的有关数字进行比较,可以分析、测定企业利润的发展趋势和获利能力,评估企业的偿债能力,考核企业管理当局的经营业绩。利润表同资产负债表一样,属于企业对外财务报表,要求按月编制、按年编制。

4.3.2 利润表的格式

国际上比较普遍采用的利润表格式主要有单步式利润表和多步式利润表。单步式又称为一步式,是将企业所有的收入和收益加计在一起,再把所有的成本、费用加计在一起,然后用收入与收益的合计减去成本与费用合计之后的差额,便是企业的净利润(或亏损)。单步式利润表的优点是计算简单,对一切收入和费用同样看待,不分彼此先后,不像多步式利润表那样要求一定的收入要同相关的费用配比计算;缺点是若干有意义的损益信息在表中无法揭示、提供。单步式利润表的基本格式见表4-3。

表4-3 利润表(单步式)

项目	金额
一、收入	
主营业务收入	×××
其他业务收入	×××
……	……
收入合计	×××
二、费用	
主营业务成本	×××
其他业务成本	×××
……	……
费用合计	×××
三、净利润	×××

多步式利润表是将利润表的内容按照重要性、配比原则作多次分类,并产生一些中间性的收益信息,从营业收入到本年净利润要分若干步才能计算出来,它提供的损益信息比单步式更为丰富。按照我国《企业会计准则》的规定,企业都应当采用多步式利润表的格式。我国企业采用的利润表的格式见表4-4。

表4-4 利润表

编制单位: 　　　　　　　　年　月　日　　　　　　　　　　单位:元

项目	本期金额	上期金额
一、营业收入		
减:营业成本		
营业税金及附加		
销售费用		
管理费用		

续表

项　　　目	本期金额	上期金额
财务费用		
资产减值损失		
加：公允价值变动收益（损失以"-"号填列）		
投资收益（损失以"-"号填列）		
其中：对联营企业和合营企业的投资收益		
二、营业利润（亏损以"-"号填列）		
加：营业外收入		
其中：非流动资产处置利得		
减：营业外支出		
其中：非流动资产处置损失		
三、利润总额（亏损总额以"-"号填列）		
减：所得税费用		
四、净利润（净亏损以"-"号填列）		
五、每股收益		
（一）基本每股收益		
（二）稀释每股收益		
六、其他综合收益		
七、综合收益总额		
公司法定代表人：	主管会计工作负责人：	会计机构负责人：

多步式利润表便于对企业生产经营情况进行分析，有利于不同行业企业之间的横向比较，也有利于预测企业今后的盈利能力。

4.3.3　利润表的编制方法

按照我国企业利润表的格式，其编制方法如下。

（1）"本期金额"栏反映各项目的本期实际发生数。如果上年度利润表的项目名称和内容与本年度利润表不一致，应对上年度利润表项目的名称和数字按本年度的规定进行调整，填入报表的"上期金额"栏。

（2）报表中各项目主要根据各损益类科目的发生额分析填列。

4.4　现金流量表

4.4.1　现金流量表的内容及结构

现金流量表是指反映企业在一定会计期间内现金和现金等价物流入和流出的报表。其中，现金是指企业库存现金以及可以随时用于支付的存款；现金等价物是指企业持有的期限短、流动性强、易于转换为已知金额现金、价值变动风险很小的投资，并且期限短一般是指从购买日起 3 个月内到期。现金流量表的基本格式见表 4-5，其补充资料见表 4-6。

表 4-5 现金流量表　　　　　　　　　　　　　　　　　　　会企 03 表

编制单位：　　　　　　　　　20××年　　　　　　　　　　单位：元

项目	金额
一、经营活动产生的现金流量：	
销售商品、提供劳务收到的现金	
收到的税费返还	
收到的其他与经营活动有关的资金	
经营活动现金流入小计	
购买商品、接受劳务支付的现金	
支付给职工以及为职工支付的现金	
支付的各项税费	
支付其他与经营活动有关的现金	
经营活动现金流出小计	
经营活动产生的现金流量净额	
二、投资活动产生的现金流量：	
收回投资收到的现金	
取得投资收益收到的现金	
处置固定资产、无形资产和其他长期资产收回的现金净额	
处置子公司及其他营业单位收到的现金净额	
收到其他与投资活动有关的现金	
投资活动现金流入小计	
购建固定资产、无形资产和其他长期资产所支付的现金	
投资支付的现金	
取得子公司及其他营业单位支付的现金净额	
支付其他与投资活动有关的现金	
投资活动现金流出小计	
投资活动产生的现金流量净额	
三、筹资活动所产生的现金流量：	
吸收投资收到的现金	
取得借款收到的现金	
收到其他与筹资活动有关的现金	
筹资活动现金流入小计	
偿还债务支付的现金	
分配股利、利润或偿付利息所支付的现金	
支付其他与筹资活动有关的现金	
筹资活动现金流出小计	
筹资活动产生的现金流量净额	
四、汇率变动对现金及现金等价物的影响	
五、现金及现金等价物净增加额	

续表

项目	金额
加：期初现金及现金等价物余额	
六、期末现金及现金等价物余额	
补充资料	金额
1.将净利润调节为经营活动现金流量：	
净利润	
加：资产减值准备	
固定资产折旧	
无形资产摊销	
长期待摊费用摊销	
处置固定资产、无形资产和其他长期资产的损失（收益以"－"号填列）	
固定资产报废损失（收益以"－"号填列）	
财务费用（收益以"－"号填列）	
投资损失（收益以"－"号填列）	
存货的减少（增加以"－"号填列）	
经营性应收项目的减少（增加以"－"号填列）	
经营性应付项目的增加（减少以"－"号填列）	
经营活动产生的现金流量净额	

表4-6 现金流量表补充资料

补充资料	本期金额	上期金额
一、将净利润调节为经营活动现金流量		
净利润		
加：资产减值准备		
固定资产折旧、油气资产折耗、生产性生物资产折旧		
无形资产摊销		
长期待摊费用摊销		
处置固定资产、无形资产和其他长期资产的损失（收益以"-"号填列）		
固定资产报废损失（收益以"-"号填列）		
公允价值变动损失（收益以"-"号填列）		
财务费用（收益以"-"号填列）		
投资损失（收益以"-"号填列）		
递延所得税资产减少（增加以"-"号填列）		
递延所得税负债增加（减少以"-"号填列）		
存货的减少（增加以"-"号填列）		
经营性应收项目的减少（增加以"-"号填列）		
经营性应付项目的增加（减少以"-"号填列）		
其他		

续表

补 充 资 料	本 期 金 额	上 期 金 额
经营活动产生的现金流量净额		
二、不涉及现金收支的重大投资和筹资活动		
债务转为资本		
一年内到期的可转换公司债券		
融资租入固定资产		
三、现金及现金等价物净变动情况		
现金的期末余额		
减：现金的期初余额		
加：现金等价物的期末余额		
减：现金等价物的期初余额		
现金及现金等价物净增加额		

4.4.2 现金流量表的填列方法

1. 经营活动产生的现金流量

在我国，企业经营活动产生的现金流量应当采用直接法填列。直接法是指通过现金收入和现金支出的主要类别列示经营活动的现金流量。现金流量一般应按现金流入和流出总额列报，但代客户收取或支付的现金，以及周转快、金额大、期限短的项目现金流入和现金流出可以按照净额列报。

1）"销售商品、提供劳务收到的现金"项目

该项目反映企业销售商品、提供劳务实际收到的现金（包括应向购买者收取的增值税销项税额），包括本期销售商品、提供劳务收到的现金，以及前期销售商品、提供劳务本期收到的现金和本期预收的款项，减去本期退回的本期销售的商品和前期销售、本期退回的商品支付的现金。企业销售材料和代购代销业务收到的现金，也在本项目中反映。本项目可以根据"库存现金""银行存款""应收账款""应收票据""预收账款""主营业务收入""其他业务收入"等科目的记录分析填列。

2）"收到的税费返还"项目

该项目反映企业收到返还的各种税费，包括收到返还的增值税、消费税、关税、所得税、教育费附加等。本项目可以根据"库存现金""银行存款""营业外收入""其他应收款"等科目的记录分析填列。

3）"收到其他与经营活动有关的现金"项目

该项目反映企业除了上述各项目以外所收到的其他与经营活动有关的现金，如罚款、流动资产损失中由个人赔偿的现金、经营租赁租金等。若某项其他与经营活动有关的现金流入金额较大，应单列项目反映。本项目可以根据"库存现金""银行存款""营业外收入"等科目的记录分析填列。

4）"购买商品、接受劳务支付的现金"项目

该项目反映企业购买商品、接受劳务实际支付的现金（包括增值税进项税额），包括本期购买材料、商品和接受劳务支付的现金，以及本期支付前期购买商品、接受劳务的未

付款项和本期预付款项，减去本期发生的购货退回收到的现金。企业代购代销业务支付的现金，也在本项目中反映。本项目可以根据"库存现金""银行存款""应付账款""应付票据""预付账款""主营业务成本""其他业务成本"等科目的记录分析填列。

5）"支付给职工以及为职工支付的现金"项目

该项目反映企业实际支付给职工，以及为职工支付的现金，包括本期实际支付给职工的工资、奖金、各种津贴和补贴等，以及为职工支付的其他费用。企业代扣代缴的职工个人所得税，也在本项目中反映。本项目不包括支付给离退休人员的各项费用及支付给在建工程人员的工资和其他费用。企业支付给离退休人员的各项费用(包括支付的统筹退休金以及未参加统筹的退休人员的费用)在"支付其他与经营活动有关的现金"项目中反映；支付给在建工程人员的工资及其他费用，在"购建固定资产、无形资产和其他长期资产支付的现金"项目中反映。本项目可以根据"应付职工薪酬""库存现金""银行存款"等科目的记录分析填列。

企业为职工支付的养老、失业等社会保险基金、补充养老保险、住房公积金、支付给职工的住房困难补助，以及企业支付给职工或为职工支付的其他福利费用等，应按职工的工作性质和服务对象，分别在本项目和"购建固定资产、无形资产和其他长期资产支付的现金"项目中反映。

6）"支付的各项税费"项目

该项目反映企业按规定支付的各种税费，包括企业本期发生并支付的税费，以及本期支付、以前各期发生的税费和本期预交的税费，包括所得税、增值税、消费税、印花税、房产税、土地增值税、车船使用税、教育费附加、矿产资源补偿费等，但不包括计入固定资产价值、实际支付的耕地占用税，也不包括本期退回的增值税、所得税。本期退回的增值税、所得税在"收到的税费返还"项目中反映。本项目可以根据"应交税费""库存现金""银行存款"等科目的记录分析填列。

7）"支付其他与经营活动有关的现金"项目

该项目反映企业除上述各项目外所支付的其他与经营活动有关的现金，如经营租赁支付的租金、支付的罚款、差旅费、业务招待费、保险费等。若其他与经营活动有关的现金流出金额较大，应单列项目反映。本项目可以根据"库存现金""银行存款""管理费用"、"营业外支出"等科目的记录分析填列。

2. 投资活动产生的现金流量

1）"收回投资收到的现金"项目

该项目反映企业出售、转让或到期收回除现金等价物以外的对其他企业的权益工具、债务工具和合营中的权益等投资收到的现金。收回债务工具实现的投资收益、处置子公司及其他营业单位收到的现金净额不包括在本项目内。本项目可根据"可供出售金融资产""持有至到期投资""长期股权投资""库存现金""银行存款"等科目的记录分析填列。

2）"取得投资收益收到的现金"项目

该项目反映企业除现金等价物以外的对其他企业的权益工具、债务工具和合营中的权益投资分会的现金股利和利息等，不包括股票股利。本项目可以根据"库存现金""银行存款""投资收益"等科目的记录分析填列。

第4章 财务报表编制与分析技能

3)"处置固定资产、无形资产和其他长期资产收回的现金净额"项目

该项目反映企业出售、报废固定资产、无形资产和其他长期资产收到的现金(包括因资产毁损收到的保险赔偿款),减去为处置这些资产而支付的有关费用后的净额。如果所收回的现金净额为负数,则应在"支付其他与投资活动有关的现金"项目中反映。本项目可以根据"固定资产清理""库存现金""银行存款"等科目的记录分析填列。

4)"处置子公司及其他营业单位收到的现金净额"项目

该项目反映企业处置子公司及其他营业单位所取得的现金,减去相关处置费用以及子公司及其他营业单位持有的现金和现金等价物后的净额。本项目可以根据"长期股权投资""银行存款""库存现金"等科目的记录分析填列。

5)"收到其他与投资活动有关的现金"项目

该项目反映企业除了上述各项目以外,所收到的其他与投资活动有关的现金流入。例如,企业收回购买股票和债券时支付的已宣告但尚未领取的现金股利或已到付息期但尚未领取的债券利息。若其他与投资活动有关的现金流入金额较大,应单列项目反映。本项目可以根据"应收股利""应收利息""银行存款""库存现金"等科目的记录分析填列。

6)"购建固定资产、无形资产和其他长期资产支付的现金"项目

该项目反映企业本期购买和建造固定资产、取得无形资产和其他长期资产实际支付的现金,以及用现金支付的应由在建工程和无形资产负担的职工薪酬,不包括为购建固定资产而发生的借款利息资本化部分,以及融资租入固定资产支付的租赁费。企业支付的借款利息和融资租入固定资产支付的租赁费,在筹资活动产生的现金流量中反映。本项目可以根据"固定资产""在建工程""无形资产""库存现金""银行存款"等科目的记录分析填列。

7)"投资支付的现金"项目

该项目反映企业取得除现金等价物以外的对其他企业的权益工具、债务工具和合营中的权益投资所支付的现金,以及支付的佣金、手续费等交易费用,但取得子公司及其他营业单位支付的现金净额除外。本项目可以根据"可供出售金融资产""持有至到期投资""长期股权投资""库存现金""银行存款"等科目的记录分析填列。

8)"取得子公司及其他营业单位支付的现金净额"项目

该项目反映企业购买子公司及其他营业单位购买出价中以现金支付的部分,减去子公司及其他营业单位持有的现金和现金等价物后的净额。本项目可以根据"长期股权投资""库存现金""银行存款"等科目的记录分析填列。

9)"支付其他与投资活动有关的现金"项目

该项目反映企业除上述各项以外所支付的其他与投资活动有关的现金流出,如企业购买股票时实际支付的价款中包含的已宣告而尚未领取的现金股利、购买债券时支付的价款中包含的已到期尚未领取的债券利息等。若某项其他与投资活动有关的现金流出金额较大,则应单列项目反映。本项目可以根据"应收股利""应收利息""银行存款""库存现金"等科目的记录分析填列。

3.筹资活动产生的现金流量

1)"吸收投资收到的现金"项目

该项目反映企业以发行股票、债券等方式筹集资金实际收到的款项,减去直接支付的

佣金、手续费、宣传费、咨询费、印刷费等发行费用后的净额。本项目可以根据"实收资本（或股本）""库存现金""银行存款"等科目的记录分析填列。

2）"取得借款收到的现金"项目

该项目反映企业举借各种短期、长期借款实际收到的现金。本项目可以根据"短期借款""长期借款""库存现金""银行存款"等科目的记录分析填列。

3）"收到其他与筹资活动有关的现金"项目

该项目反映企业除上述各项目外所收到的其他与筹资活动有关的现金流入，如接受现金捐赠等。若某项其他与筹资活动有关的现金流入金额较大，则应单列项目反映。本项目可以根据"银行存款""库存现金""营业外收入"等科目的记录分析填列。

4）"偿还债务支付的现金"项目

该项目反映企业偿还债务本金所支付的现金，包括偿还金融企业的借款本金、偿还债券本金等。企业支付的借款利息和债券利息在"分配股利、利润或偿付利息支付的现金"项目中反映，不包括在本项目内。本项目可以根据"短期借款""长期借款""应付债券""库存现金""银行存款"等科目的记录分析填列。

5）"分配股利、利润或偿付利息支付的现金"项目

该项目反映企业实际支付的现金股利、支付给其他投资单位的利润或用现金支付的借款利息、债券利息等。本项目可以根据"应付股利""应付利息""财务费用""库存现金""银行存款"等科目的记录分析填列。

6）"支付其他与筹资活动有关的现金"项目

该项目反映企业除上述各项目外所支付的其他与筹资活动有关的现金流出，如捐赠现金支出、融资租入固定资产支付的租赁费等。若某项其他与筹资活动有关的现金流出金额较大，则应单列项目反映。本项目可以根据"营业外支出""长期应付款""银行存款""库存现金"等科目的记录分析填列。

4.汇率变动对现金及现金等价物的影响

该项目反映企业外币现金流量以及境外子公司的现金流量折算为人民币时，所采用的现金流量发生日的即期汇率或按照系统合理的方法确定的、与现金流量发生日即期汇率近似的汇率折算的人民币金额与"现金及现金等价物净增加额"中的外币现金净增加额按期末汇率折算的人民币金额之间的差额。

在编制现金流量表时，可逐笔计算外币业务发生的汇率变动对现金的影响。也可不必逐笔计算而采用简化的计算方法，即通过现金流量表补充资料中"现金及现金等价物净增加额"的数额与现金流量表中"经营活动产生的现金流量净额""投资活动产生的现金流量净额""筹资活动产生的现金流量净额"3项之和比较，其差额即为"汇率变动对现金及现金等价物的影响"项目的金额。

5.现金流量表补充资料

除现金流量表反映的信息外，企业还应在附注中披露将净利润调节为经营活动现金流量、不涉及现金收支的重大投资和筹资活动、现金及现金等价物净变动情况等信息。

1）将净利润调节为经营活动现金流量

现金流量表采用直接法反映经营活动产生的现金流量，同时，企业还应采用间接法反映经营活动产生的现金流量。间接法是指以本期净利润为起点，通过调整不涉及现金的收入、费用、营业外收支以及经营性应收应付等项目的增减变动，调整不属于经营活动的现金收支项目，据此计算并列报经营活动产生的现金流量的方法。在我国，现金流量表补充资料应采用间接法反映经营活动产生的现金流量情况，以对现金流量表中采用直接法反映的经营活动现金流量进行核对和补充说明。

当采用间接法列报经营活动产生的现金流量时，需要对四大类项目进行调整：①实际没有支付现金的费用；②实际没有收到现金的收益；③不属于经营活动的损益；④经营性应收应付项目的增减变动。

（1）资产减值准备。该项目反映企业本期实际计提的各项资产减值准备，包括坏账准备、存货跌价准备、长期股权投资减值准备、持有至到期投资减值准备、投资性房地产减值准备、固定资产减值准备、在建工程减值准备、无形资产减值准备、商誉减值准备、生产性生物资产减值准备、油气资产减值准备等。本项目可以根据"资产减值损失"科目的记录分析填列。

（2）固定资产折旧、油气资产折耗、生产性生物资产折旧。该项目反映企业本期累计计提的固定资产折旧、油气资产折耗、生产性生物资产折，可根据"累计折旧""累计折耗"等科目的贷方发生额分析填列。

（3）无形资产摊销。该项目反映企业本期累计摊入成本费用的无形资产价值，可以根据"累计摊销"科目的贷方发生额分析填列。

（4）长期待摊费用摊销。该项目反映企业本期累计摊入成本费用的长期待摊费用，可以根据"长期待摊费用"科目的贷方发生额分析填列。

（5）处置固定资产、无形资产和其他长期资产的损失。该项目反映企业本期处置固定资产、无形资产和其他长期资产发生的净损失(或净收益)。如为净收益，以"－"号填列。本项目可以根据"营业外支出""营业外收入"等科目所属有关明细科目的记录分析填列。

（6）固定资产报废损失。该项目反映企业本期发生的固定资产盘亏净损失，可以根据"营业外支出"和"营业外收入"科目所属有关明细科目的记录分析填列。

（7）公允价值变动损失。该项目反映企业持有的交易性金融资产、交易性金融负债、采用公允价值模式计量的投资性房地产等公允价值变动形成的净损失。如为净收益，以"－"号填列。本项目可以根据"公允价值变动损益"科目所属有关明细科目的记录分析填列。

（8）财务费用。该项目反映企业本期实际发生的属于投资活动或筹资活动的财务费用。属于投资活动、筹资活动的部分，在计算净利润时已扣除，但这部分发生的现金流出不属于经营活动现金流量的范畴，所以，在将净利润调节为经营活动现金流量时，需要予以加回。本项目可以根据"财务费用"科目的本期借方发生额分析填列，如为收益，以"－"号填列。

（9）投资损失。该项目反映企业对外投资实际发生的投资损失减去收益后的净损失。本项目可以根据利润表"投资收益"项目的数字填列，如为投资收益，以"－"号填列。

（10）递延所得税资产减少。该项目反映企业资产负债表"递延所得税资产"项目的期初余额与期末余额的差额，可以根据"递延所得税资产"科目发生额分析填列。

（11）递延所得税负债增加。该项目反映企业资产负债表"递延所得税负债"项目的期初余额与期末余额的差额，可以根据"递延所得税负债"科目发生额分析填列。

（12）存货的减少。该项目反映企业资产负债表"存货"项目的期初与期末余额的差额。如期末数大于期初数的差额，以"—"号填列。

（13）经营性应收项目的减少。该项目反映企业本期经营性应收项目（包括应收票据、应收账款、预付账款、长期应收款和其他应收款等经营性应收项目中与经营活动有关的部分及应收的增值税销项税额等）的期初与期末余额的差额。如期末数大于期初数的差额，以"—"号填列。

（14）经营性应付项目的增加。该项目反映企业本期经营性应付项目（包括应付票据、应付账款、预收账款、应付职工薪酬、应交税费和其他应付款等经营性应付项目中与经营活动有关的部分及应付的增值税进项税额等）的期初余额与期末余额的差额。如期末数小于期初数的差额，以"—"号填列。

2）不涉及现金收支的重大投资和筹资活动

该项目反映企业在一定会计期间内影响资产和负债，但不形成该期现金收支的所有重大投资和筹资活动的信息。这些投资和筹资活动是企业的重大理财活动，对以后各期的现金流量会产生重大影响，因此，应单列项目在补充资料中反映。目前，我国企业现金流量表补充资料中列示的不涉及现金收支的重大投资和筹资活动项目主要有以下几项。

（1）债务转为资本，反映企业本期转为资本的债务金额。

（2）一年内到期的可转换公司债券，反映企业一年内到期的可转换公司债券的本息。

（3）融资租入固定资产，反映企业本期融资租入固定资产的最低租赁付款额扣除应分期计入利息费用的未确认融资费用后的净额。

3）现金及现金等价物的净变动情况

该项目反映企业在一定会计期间内现金及现金等价物的期末余额减去期初余额后的净增加额（或净减少额），是对现金流量表中"现金及现金等价物净增加额"项目的补充说明。该项目的金额应与现金流量表中"现金及现金等价物净增加额"项目的金额核对相符。

4.4.3 现金流量表的编制方法

在具体编制现金流量表时，企业可根据业务量的大小及复杂程度，采用工作底稿法、T形账户法，或直接根据有关科目的记录分析填列。

1. 工作底稿法

工作底稿法是以工作底稿为手段，以利润表和资产负债表数据为基础，结合有关科目的记录，对现金流量表的每一项目进行分析并编制调整分录，从而编制出现金流量表的一种方法。

采用工作底稿法编制现金流量表具体包括以下几个步骤。

（1）将资产负债表的年初余额和期末余额过入工作底稿的年初余额栏和期末余额栏。

（2）对当期业务进行分析并编制调整分录。调整分录大体有这样几类：第一类涉及利润表中的收入、成本和费用项目以及资产负债表中的资产、负债及所有者权益项目，通过调整将权责发生制下的收入、费用转换为现金基础；第二类涉及资产负债表和现金流量表中的投资、筹资项目，反映投资和筹资活动的现金流量；第三类涉及利润表和现金流量表中的投资和筹资项目，目的是将利润表中有关投资和筹资方面的收入和费用列入现金流量表投资、筹资现金流量中。此外，还有一些调整分录并不涉及现金收支，只是为了核对资产负债表项目的期末年初变动。

在调整分录中，有关现金和现金等价物的事项，并不直接借记或贷记现金，而是分别记入"经营活动产生的现金流量""投资活动产生的现金流量""筹资活动产生的现金流量"等有关项目，借记表明现金流入，贷记表明现金流出。

（3）将调整分录过入工作底稿中的相应部分。

（4）核对调整分录，借贷合计应当相等，资产负债表项目年初余额加减调整分录中的借贷金额以后，应当等于期末余额。

（5）根据工作底稿中的现金流量表项目部分编制正式的现金流量表。

2. T形账户法

T形账户法是以利润表和资产负债表为基础，结合有关科目的记录，对现金流量表的每一项目进行分析并编制调整分录，通过"T形账户"编制出现金流量表的一种方法。

采用T形账户法编制现金流量表的具体步骤如下。

（1）为所有的非现金项目（包括资产负债表项目和利润表项目）分别开设T形账户，并将各自的期末年初变动数过入该账户。

（2）开设一个大的"现金及现金等价物"T形账户，每边分为经营活动、投资活动和筹资活动三个部分，左边记现金流入，右边记现金流出。与其他账户一样，过入期末年初变动数。

（3）以利润表项目为基础，结合资产负债表分析每一个非现金项目的增减变动，并据此编制调整分录。

（4）将调整分录过入各T形账户，并进行核对，该账户借贷相抵后的余额与原先过入的期末年初变动数应当一致。

（5）根据大的"现金及现金等价物"T形账户编制正式的现金流量表。

3. 分析填列法

分析填列法是直接根据资产负债表、利润表和有关明细账的记录，分析计算出现金流量表各项目的金额，并据以编制现金流量表的一种方法。

4.5　所有者权益变动表

4.5.1　所有者权益变动表的概念和结构

所有者权益变动表是反映企业在一定时期内构成所有者权益的各组成部分的增减变动情况的报表。它反映三个方面的内容：一是因资本业务而导致所有者权益总额发生的变动，即所有者投入资本和向所有者分配；二是所有者权益项目内部的变动，如把资本公积转增资本；三是综合收益导致的所有者权益的变动。综合收益由两部分构成：①直接计入所有者权益的利得和损失；②净利润。

所有者权益变动表的格式见表4-7。

表4-7 所有者权益（股东权益）变动表　　　　会企业04表

编制单位：　　　　　　　　年度　　　　　　　　单位：元

项　　目	本年金额						上年金额					
	实收资本（或股本）	资本公积	减：库存股	盈余公积	未分配利润	所有者权益合计	实收资本（或股本）	资本公积	减：库存股	盈余公积	未分配利润	所有者权益合计
一、上年年末余额												
加：会计政策变更												
前期差错更正												
二、本年年初余额												
三、本年增减变动金额（减少以"－"号填列）												
（一）净利润												
（二）直接计入所有者权益的利得和损失												
1. 可供出售金融资产公允价值变动净额												
2. 权益法下被投资单位其他所有者权益变动的影响												
3. 与计入所有者权益项目相关的所得税影响												
4. 其他												
小计												
（三）所有者投入和减少资本												
1. 所有者投入资本												
2. 股份支付计入所有者权益的金额												
3. 其他												
（四）利润分配												
1. 提取盈余公积												
2. 对所有者（或股东）的分配												
（五）所有者权益内部结转												
1. 资本公积转增资本（或股本）												
2. 盈余公积转增资本（或股本）												
3. 盈余公积弥补亏损												
4. 其他												
四、本年年末余额												

4.5.2 所有者权益变动表的填列方法

（1）"上年年末余额"项目，反映企业上年资产负债表中实收资本(或股本)、资本公积、库存股、盈余公积、未分配利润的年末余额。

（2）"会计政策变更""前期差错更正"项目，分别反映企业采用追溯调整法处理的会计政策变更的积累影响金额和采用追溯重述法处理会计差错更正的累积影响金额。

（3）"本年增减变动金额"项目，该项目中的"净利润"反映企业当年实现的净利润(或净亏损)金额，"直接计入所有者权益的利得和损失"反映企业当年直接计入所有者权益的利得和损失金额，"所有者投入和减少资本"反映企业当年所有者投入的资本和减少的资本，"利润分配"反映企业当年的利润分配金额，"所有者权益内部结转"反映企业构成所有者权益的组成部分之间的增减变动情况。

4.5.3 所有者权益变动表的编制方法

1. "上年金额"栏的编制方法

所有者权益变动表"上年金额"栏内的各项数字，应根据上年度所有者权益变动表"本年金额"栏内所列数字填列。如果上年度所有者权益变动表规定的各个项目的名称和内容同本年度不一样，应对上年度所有者权益变动表各项目的名称和数字按本年度的规定进行调整，填入所有者权益变动表"上年金额"栏内。

2. "本年金额"栏的编制方法

所有者权益变动表"本年金额"栏内各项数字一般应根据"实收资本(或股本)""资本公积""盈余公积""利润分配""库存股""以前年度损益调整"科目的发生额分析填列。

4.6 财务报表分析

4.6.1 财务报表分析的方法

1. 比较分析法

比较分析法是通过比较两个相关的财务数据，以绝对数和相对数的形式来揭示财务数据之间的相互关系。它是财务报表分析的基本方法，通常采用以下三种比较方式。

（1）将分析期的实际数据与计划数据进行对比，确定实际与计划的差异，据以考核财务指标计划的完成情况。

（2）将分析期的实际数据与前期数据进行对比，确定本期与前期的差异，据以考察企业工作的开展情况，预测企业财务活动的未来发展趋势。

（3）将分析期的实际数据与同行业平均指标或先进企业指标进行对比，确定企业与同行业平均水平以及与先进企业的差异，据以改进工作。

比较分析法的运用要注意指标的可比性，用于比较的指标只有在内容、时间、计算方法和计价基础上保持相同的口径，才能进行比较分析。

2. 比率分析法

比率分析法是对同一时期财务报表上的若干不同项目之间的相关数据进行相互比较，求出其比率，据以分析和评价企业的财务状况和经营成果。它是财务报表分析的核心方法，财务比率通常有以下三种类型。

（1）结构比率，是用来计算某个财务指标的各个组成部分占总体的比重，反映部分与总体的关系，分析财务结构的合理性，如资产负债率、股东权益比率等。

（2）效益比率，是用来计算在某项财务活动中所得与所费的比率，反映投入与产出的关系，如成本费用利润率、资本利润率等。

（3）相关比率，是用来计算两个性质不同但又相关的指标之间的比率，反映有关财务指标之间的内在联系，如流动比率、速动比率等。

比率分析法的运用要采取联系的观点，不要孤立地根据某一指标做出判断，要联系其他指标和影响因素综合地进行判断。

3. 趋势分析法

趋势分析法是通过计算连续数年的财务报表中相同项目的百分比，来分析各个项目的上升或下降趋势。趋势分析法有以下两种比较方式。

（1）定比趋势分析，是在连续数年的财务报表中，以第一年为基期，计算其余年度各个项目与基期同一项目的百分比，借以显示各个项目在分析期间的上升或下降趋势。这种分析的基期是固定的。

（2）环比趋势分析，是在连续数年的财务报表中，计算后一年度各个项目与前一年度同一项目的百分比，以此类推，形成一系列比值，借以揭示各个项目在分析期间内的总的变化趋势。这种分析的基期是变动的。

4.6.2　财务报表分析的内容

1. 偿债能力分析

1) 短期偿债能力分析

企业短期偿债能力是指企业用流动资产偿还流动负债的能力。企业短期债务需要通过流动资产偿付而不能靠长期资产抵押，且利息负担并不重。因此，短期偿债能力分析的重点是债务本金能否及时偿还。企业短期偿债能力的强弱反映了企业的财务状况，是信息使用者所关注的重要问题。因为短期偿债能力的强弱直接影响到债权人能否按期取得利息、收回本金，直接影响到投资者所关注的盈利能力。这种分析主要利用资产负债表，借助于流动比率和速动比率指标来进行。

（1）流动比率。流动比率是流动资产与流动负债的比率。它表示每一元流动负债有多少流动资产可以作为偿还的保证，反映企业在短期内转变为现金的流动资产偿还到期流动负债的能力。计算公式如下：

$$流动比率 = \frac{流动资产}{流动负债} \times 100\%$$

上述的比例值是正指标，流动比率越高，反映企业的短期偿债能力越强，债权人权益越有保障。但是流动比率并非越高越好，流动比率过高，表明企业占用的流动资产过多，影响资产的利用效率和获利能力；流动比率过高还可能说明应收账款占用过多，在产品、产成品存在着积压现象。因此，分析流动比率还要结合考察流动资产的结构及其周转情况。根据经验，一般认为流动比率以2：1为合理，它表明企业财务状况是可靠的。

（2）速动比率。速动比率是速动资产与流动负债的比率。它表示每一元流动负债有多少速动资产可以作为偿还的保证，反映企业在短期内转变为现金的速动资产偿还到期流动负债的能力。计算公式如下：

$$速动比率 = \frac{速动资产}{流动负债} \times 100\%$$

式中：速动资产包括货币资金、短期投资、应收票据、应收账款、其他应收款项等流动资产，存货、预付账款不计入其中。速动资产中之所以不包括存货，是因为存货的变现能力较差，变现所需时间较长，它要经过产品的出售和账款的收回才能变为现金，而且存货中还包括根本就无法变现的部分。预付账款具有资产的性质，但它只能减少企业未来时期的现金付出，根本不具有变现能力。因此，也不应计入速动资产。

速动比率是流动比率的补充指标。有时流动比率较高，但流动资产中可用于立即支付的资产却很少，企业的偿债能力仍然较差。因此，速动比率比流动比率更能够反映企业短期的清算能力。根据经验，速动比率以1：1较为合理。当速动比率大于1时，说明一旦企业破产或清算，在存货不能变现时，企业也有能力偿还短期负债；当速动比率小于1时，表明企业必须依靠变卖部分存货来偿还短期债务。

2）长期偿债能力分析

长期偿债能力是指企业偿还长期负债的能力。企业的长期负债一般金额大、利息负担重，对其分析不仅要利用资产负债表，借助于资产负债率等指标来考察债务本金的支持程度，而且还要利用损益表，借助于利息保障倍数来判断债务利息的偿付能力。

（1）资产负债率。资产负债率是指负债总额与资产总额的比率。它表示在企业总资产中债权人提供的资金所占的比重，或者企业资产对债权人权益的保障程度。计算公式如下：

$$资产负债率 = \frac{负债总额}{资产总额} \times 100\%$$

从债权人的角度看，资产负债率越高说明企业经营存在的风险越大，债权人的权益缺乏保障；资产负债率越低说明企业长期偿债能力越强，债权人的权益越有保障。从投资者的角度看，资产负债率高说明企业利用了较少的权益资本形成了较多的生产经营用资产，扩大了生产经营规模。在经济处于景气时期，投资收益率一般都大于债务资本成本率，财务杠杆效应必然使企业权益资本的收益率大大提高，从而为投资者谋取更大的财务利益。

（2）所有者权益比率。所有者权益比率又称为股东权益比率，它是所有者权益对资产总额的比率。它表示在企业总资产中所有者提供的资金所占的比重，或者企业资产对所有者权益的保障程度。计算公式如下：

$$所有者权益比率 = \frac{所有者权益}{资产总额} \times 100\%$$

所有者权益比率与资产负债率成此消彼长的关系,二者之和等于1。它从另一个侧面反映了企业的偿债能力。值得注意的是,所有者权益比率的倒数称为权益乘数。

(3) 负债对所有者权益比率。负债对所有者权益比率是负债总额与所有者权益总额的比率,表示所有者权益对债权人权益的保障程度。计算公式如下:

$$负债对所有者权益比率 = \frac{负债总额}{所有者权益总额} \times 100\%$$

该指标越小,说明企业长期偿债能力越强,债权人权益的保障程度越高,承担的风险越小。

(4) 利息保障倍数。利息保障倍数是指企业一定时期的利息费用和利润总额与利息费用之比,反映企业偿付负债利息的能力,用以评价债权人投资的风险程度。计算公式如下:

$$利息保障倍数 = \frac{利润总额 + 利息费用}{利息费用} \times 100\%$$

利息保障倍数越大,企业偿付利息费用的能力越强,债权人权益越有保障。利息保障倍数的具体衡量标准需与其他企业,特别是本行业的平均水平进行比较判断。从稳健性角度出发,最好比较本企业连续几年的该项指标,并选择最低指标年度的数据作为标准,这样可以保证最低的偿债能力。这一比率越小,说明企业无法向债权人支付利息,意味着企业负债过大或盈利太低,企业陷入财务困境。

2. 营运能力分析

营运能力是指企业控制的各种资产的管理效率。资产周转期是营运能力的直接体现,资产结构也从一个侧面反映了营运活动的效率和因营运而导致的资源配置状况。

1) 资产周转能力分析

(1) 应收账款周转率。应收账款周转率是指企业一定时期的赊销收入净额与应收账款平均余额之比,反映了企业应收账款的周转速度。应收账款周转率通常有两种表示方法:一种是应收账款周转次数;另一种是应收账款周转天数。计算公式如下:

$$应收账款周转次数 = \frac{赊销收入净额}{应收账款平均余额} \times 100\%$$

$$应收账款周转天数 = \frac{应收账款平均余额 \times 计算期}{赊账收入净额} \times 100\%$$

式中:赊销收入净额是销售收入减去现金销售收入再减去销售退回、销售折让和销售折扣后的差额;应收账款平均余额按照期初应收账款加上期末应收账款再除以2求得。

显然,应收账款周转次数和周转天数是相逆互补的。在一定时期内应收账款周转次数越多,周转一次所用的天数就越少,说明应收账款收回的速度越快,资产营运效率越高。这不仅有利于企业及时收回应收账款,减少发生坏账损失的可能性,而且有利于提高资产的流动性,增强企业的短期偿债能力。所以,应收账款周转率可以看成是流动比率的补充,它反映了企业的短期偿债能力。从财务的观点看,通过应收账款周转天数与原定赊销期限的比较,还可以评价购买单位的信用程度和企业信用政策的合理性。

(2) 存货周转率。存货周转率是指企业一定时期的销货成本与存货平均余额的比率,反映了企业存货的周转速度。计算公式如下:

$$存货周转率 = \frac{销货成本}{平均存货} \times 100\%$$

存货周转率表明的是在一定时期内存货周转的次数。销货能力的大小也可用存货周转天数来表示，计算公式如下：

$$存货周转天数 = \frac{平均存货 \times 计算期}{销货成本} \times 100\%$$

一般来说，存货周转次数越多，周转天数越短，存货周转就越快，企业获利就越多。所以，企业的存货周转率与企业的获利能力直接相关；反之，存货周转次数越少，周转天数越多，则说明企业存货不适销对路，呆滞积压，既影响企业的资金运行，又影响企业的获利能力。

（3）总资产周转率。总资产周转率是销售收入净额与资产平均总额之比，反映企业总资产的利用效率。计算公式如下：

$$总资产周转率 = \frac{销售收入净额}{资产平均总额} \times 100\%$$

式中：销售收入净额是销售收入减去销售退回、销售折让、销售折扣后的差额；资产平均总额是期初资产总额与期末资产总额之和除以 2。

2）企业资产结构分析

（1）流动资产占总资产的比重。流动资产占总资产的比重是流动资产与总资产之比，反映企业资产总额中流动资产所占的份额。计算公式如下：

$$流动资产占总资产的比重 = \frac{流动资产总额}{资产总额} \times 100\%$$

在总资产中，流动资产周转速度最快，所以提高流动资产占总资产的比重，可以加速总资产的周转速度。

（2）资产构成比率。资产构成比率是固定资产净值与流动资产总额的比值，表示固定资产是流动资产的多少倍，反映了企业固定资产和流动资产的相互关系。计算公式如下：

$$资产构成比率 = \frac{固定资产净值}{流动资产总额} \times 100\%$$

现代企业经营趋势是自动化程度越来越高，固定资产比重不断增加。由于固定资产自身的特点，其资金周转的速度较慢，而且会引起大量的不变费用，因此资产构成比率的高低在很大程度上会影响企业总资产的周转速度。资产构成比率的高低要依据企业所处的行业特点，并结合企业产品的生产和销售情况进行评价。

（3）固定比率。固定比率是指固定资产净值与所有者权益的比率，反映所有者权益的固定化程度。计算公式如下：

$$固定比率 = \frac{固定资产净值}{所有者权益} \times 100\%$$

所有者权益是企业长期的稳定的资本，无还债的后顾之忧，而投资到固定资产上的资金被长期固定化。所以，企业投入到固定资产上的资金应当与所有者权益保持一致。如果将流动负债这一类的短期债务资金投入到固定资产上，是很不安全的。固定比率反映了固定资产与所有者权益之间的平衡程度。

3. 盈利能力分析

盈利能力是指由于营业活动和投资活动产生收益的能力。盈利能力是综合财务与经营能力的中心；偿债能力从外部筹资上保证和影响盈利能力，是企业盈利能力的条件；营运能力是从企业内部经营上保证和影响盈利能力，构成了盈利能力的基础。因此，财务报表分析必须同时兼顾企业的盈利能力、偿债能力和营运能力。盈利能力分析包括企业的盈利水平分析、社会贡献能力分析、资本保值增长能力分析。

1）企业盈利水平分析

企业盈利水平分析是通过销售净利率、成本费用净利率、资本金利润率和净资产利润率、总资产报酬率指标来进行的。

（1）销售净利率。销售净利率是企业净利润与主营业务收入净额的比率，反映企业销售收入的获利能力。计算公式如下：

$$销售净利率 = \frac{净利润}{主营业务收入净额} \times 100\%$$

（2）成本费用净利率。成本费用净利率是企业净利润与企业成本费用总额的比率，反映企业成本费用的获利能力。计算公式如下：

$$成本费用净利率 = \frac{净利润}{成本费用总额} \times 100\%$$

（3）资本金利润率。资本金利润率是企业当期实现的净利润与资本金平均总额的比率，反映企业投资者投入资本金的获利能力。计算公式如下：

$$资本金利润率 = \frac{净利润}{资本金平均总额} \times 100\%$$

一般而言，企业资本金利润率越高越好。资本收益率越高说明企业越容易从资本市场上筹集到资金。如果资本金利润率低于银行利率，则企业筹集资金就会面临困难。

（4）净资产利润率。净资产利润率是企业净利润与净资产平均总额的比率，反映企业所有者权益的获利能力，是投资者特别关注的一个指标。计算公式如下：

$$净资产利润率 = \frac{净利润}{净资产平均总额} \times 100\%$$

（5）总资产报酬率。总资产报酬率是企业利润总额和利息支出与资产平均总额的比率，反映企业总资产的获利能力。计算公式如下：

$$总资产报酬率 = \frac{利润总额 + 利息支出}{资产平均总额} \times 100\%$$

2）社会贡献能力分析

社会贡献能力分析是通过企业的社会贡献率和社会积累率指标来进行的。

（1）社会贡献率。社会贡献率是企业社会贡献总额与资产平均总额的比率，反映企业运用全部资产为国家和社会创造或支付价值的能力，即企业贡献程度的大小。计算公式如下：

$$社会贡献率 = \frac{企业社会贡献总额}{资产平均总额} \times 100\%$$

式中：企业社会贡献总额是指企业为国家和社会创造或支付的价值总额，包括工资（含奖金、津贴等工资性收入）、劳保退休统筹、其他社会福利支出、利息支出、应交增值税及附加、应交所得税、净利润等。社会贡献率越大，说明企业对国家和社会的贡献越多。

（2）社会积累率。社会积累率是上缴国家财政总额与企业社会贡献总额的比率，反映了在企业的社会贡献总额中有多少用于上缴国家财政。计算公式如下：

$$社会积累率 = \frac{上缴国家财政总额}{企业社会贡献总额} \times 100\%$$

3）资本增长能力分析

资本增长能力分析是通过资本保值增值率和三年资本平均增长率指标来进行的。

（1）资本保值增值率。资本保值增值率是企业所有者权益增长额与所有者权益年初数的比率。计算公式如下：

$$资本保值增值率 = \frac{所有者权益年末数 - 所有者权益年初数}{所有者权益年初数} \times 100\%$$

如果资本保值增值率等于100%，说明资本保值；如果资本保值增值率大于100%，说明资本增值。

（2）三年资本平均增长率。三年资本平均增长率是计算企业连续三年资本增长的均衡水平，反映了企业资本增长的总体发展趋势。计算公式如下：

$$三年资本平均增长率 = \left(\sqrt[3]{\frac{本年末所有者权益总额}{三年前年末所有者权益总额}} - 1 \right) \times 100\%$$

三年资本平均增长率越大，说明企业的所有者权益得到的保障程度越大，企业可动用的资本越多，资金越有保障。

4.6.3 财务综合评价

1. 综合财务指数评价系统

综合财务指数评价系统是通过计算综合财务指数，对企业的财务状况进行综合评价的一种方法。综合财务指数评价系统的一般程序和方法如下。

1）正确选择财务指标

为了评价债权人所关注的资产负债水平和偿债能力，应选择流动比率、资产负债率、应收账款周转率和存货周转率。为了评价投资者所关注的盈利能力和资本保值增值能力，应选择销售利润率、总资产报酬率、资本收益率和资本保值增值率。为了评价国家和社会所关注的社会贡献能力，应选择社会贡献率和社会积累率。

2）确定财务指标的标准值

标准值的选择应当先进合理，可供选择的标准数有本期计划数、某期实际数、同类企业平均数、行业平均数以及国际通用的标准数。

3）计算财务指标个别指数

财务指标的个别指数是分析期某项财务指标的实际数与标准数之间的比值。在计算个别指数时，要注意正指标和逆指标的不同处理方法。正指标数值越高越好；逆指标有的越低越好，有的则高于或低于标准值都不好。

4）确定财务指标的权数

综合财务指数不是财务指标个别指数的简单算术平均数，而是一个加权平均数。因此，计算综合财务指数应正确确定各项财务指标的权数。权数的大小主要根据各项指标的重要性程度而定，指标越重要，其权数就越大；反之，其权数就越小。我国财政部对财务指标规定的权数是：流动比率 10、资产负债率 10、应收账款周转率 5、存货周转率 5、销售利润率 20、总资产报酬率 12、资本收益率 8、资本保值增值率 10、社会贡献率 12、社会积累率 8。

5）计算综合财务指数

综合财务指数是以个别指数为基数，以该项指标的重要性程度为权数，加权计算出来的平均数。计算公式如下：

综合财务指数 = $\sum$（财务指标个别指数 × 该项指标的权数）

6）进行综合财务评价

将综合财务指数与其他时期、同行业中的其他企业进行比较，确定企业所处的财务情况。

2. 杜邦财务指标分析系统

杜邦财务指标分析系统是利用各种主要财务比率之间的相互关系，来综合评价企业的财务能力。这种方法是由美国杜邦公司最早采用的，所以又称为杜邦分析法。

杜邦财务指标分析系统有几组重要的财务比率关系。

净资产利润率 = 总资产报酬率 × 权益乘数

式中：总资产报酬率 = 销售利润率 × 总资产周转率。根据上述财务比率关系，利用资产负债表和损益表，可以从综合的角度全面地揭示企业的财务状况和经营成果。

杜邦财务指标分析系统的特征如下：

（1）净资产利润率是综合性最强的财务比率，是杜邦财务指标分析系统的核心。净资产收益率取决于总资产报酬率的高低和权益乘数的大小。

（2）总资产报酬率反映了企业生产经营活动的效率，其高低取决于企业销售的获利能力和总资产的周转能力。提高总资产报酬率不仅要求企业面向市场、加强销售，而且要求企业努力提高资产营运效率，加速资产的周转。

（3）权益乘数反映了企业资本结构的合理性，企业资本结构状况对净资产利润率有着直接的影响。

本章小结

本章主要介绍财务报表的概述、资产负债表、利润表、现金流量表、所有者权益变动表和财务报表分析等有关内容，基本要点如下。

（1）财务报表分析。财务报表分析是以企业财务报表信息为主要依据，运用专门的分析方法，对企业财务状况及经营成果进行解释和评价，以便于信息使用者做出正确的经济决策。分析方法有比较分析法、比率分析法和趋势分析法。分析内容主要有企业的偿债能力、营运能力、盈利能力和综合财务指数分析。

（2）资产负债表。资产负债表反映企业在某一特定日期的财务状况。报表的结构形式有两种：报告式和账户式。我国采用的是账户式，它是依据总账和明细账的期末余额编制而成的。

（3）利润表。利润表反映企业在一定时期内的经营成果。报表的结构形式有两种：单步式和多步式。单步式就是将所有的收入合计减去所有费用合计，一步计算出净利润。多步式是将一定的收入与它的相关费用配比，经过多步计算出净利润。我国采用的就是多步式，它是依据总账本期的发生额编制而成的。

（4）现金流量表。现金流量表是指反映企业在一定会计期间内现金及现金等价物流入和流出情况的报表，可以采用工作底稿法、T形账户法，或直接根据有关账户记录分析编制此表。

（5）所有者权益变动表。所有者权益变动表是反映企业在一定时期内构成所有者权益的各组成部分的增减变动情况的报表，它是依据利润表和所有者权益账户分析编制而成的。

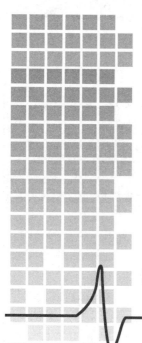

第 5 章 技能训练

学习目标

通过技能训练，主要是理论联系实际，提高动手能力。通过填制单据、编制记账凭证、登记账簿、成本计算及编制会计报表的训练，对所学理论有一个较系统、完整的认识，达到会计理论与会计实践相结合的目的。

技能要求

通过本章地技能训练，能够熟练地填制支票、进账单等单据；熟练的编制记账凭证；掌握登记账簿和成本计算的方法；能够正确地编制资产负债表、利润表和现金流量表。

学习指导

本章包括填制单据、编制记账凭证等六个方面的技能训练，填制单据、编制记账凭证是基本技能训练，登记账簿、成本计算及编制会计报表方法是技能训练的重点内容。

本章的难点是现金流量表的编制方法。

技能训练（一）

一、企业基本资料

企业名称：天安市蓝剑电子有限公司

开户行：中国建设银行天安市武夷路支行　　账号 65600356231

银行预留印鉴：天安市蓝剑电子有限公司财务章和法定代表人王娜私章

地点：天安市武大路 7 号

二、2016 年 3 月发生的业务

【业务 1】12 日企业收到江安工业制品公司开具的用于支付货款的转账支票一张（表 5-1、表 5-2）。

表 5-1　转账支票正本正面

中国银行	转账支票	31675552
		26599856

出票日期（大写）贰零壹陆年　叁月　壹拾贰日　　付款行名称：工行江陵市二环路支行

收款人：常州科达电子有限公司　　　出票人账号：26534655623

人民币（大写）	肆拾陆万捌仟元整	亿	千	百	十	万	千	百	十	元	角	分
					¥	4	6	8	0	0	0	0

用途　货款

上列款项请从我账户内支付

出票人签章　　　复核　　　　记账

表 5-2　转账支票正本背面

附加信息：	被背书人：	被背书人：
	背书人签章： 　　年　月　日	背书人签章： 　　年　月　日

【业务 2】20 日企业开出现金支票提取现金 7 000 元备用。

三、要求

1. 根据【业务1】填制进账单（表5-3）

表5-3　进账单（回单）

年　月　日

付款人	全称			收款人	全称											
	账号				账号											
	开户银行				开户银行											此联是回单
人民币（大写）						千	百	十	万	千	百	十	元	角	分	
票据种类		票据张数														
票据号码																
复核　　记账				收款单位开户行盖章												

2. 根据【业务2】填写现金支票（表5-4、表5-5）

表5-4　现金支票正面

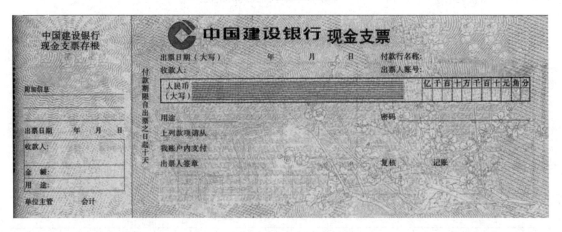

表5-5　现金支票背面

第5章 技能训练

技能训练（二）

一、企业2016年12月份发生如下经济业务

【业务1】 12月7日，向大诚公司销售DY产品500件，单价为700元，增值税率为17%，以现金垫支运杂费1 230元，已办好托收手续(原始凭证见表5-6至表5-9)。

表5-6 产品出库单

购货单位：　　　　　　　　　　年 月 日　　　　　　　　　　编号：8001

产品名称	规格型号	计量单位	出库数量	备 注
合 计				

第三联 交财务记账

仓库主管：李梁　　出库人：杜式分　　记账：梁小月　　制单：王二虎

表5-7 **托 收 凭 证**（回单） 1

委托日期：2016年12月7日　　　　　　　　　　　　托收号码：300265

业务类型		委托收款（□邮划、□电划）托收承付（□邮划、□电划）		
付款人	全 称	大诚公司	全 称	江陵市江安工业制品公司
	账号或地址	500630002208884	账号或地址	830016005680689
	开户行	工行中一路支行	开户行	工行二环路支行
金 额		人民币（大写）肆拾万零玖仟伍佰元整		亿千百十万千百十元角分 ¥ 4 9 5 0 0 0 0
款项内容		货款	托收凭据名称	发货票 2张
商品发运情况		已发货	合同名称号	23658#
备注		款项收妥日期 年 月 日		收款人开户银行签章 年 月 日

收款人: 此联作收款人开户银行给收款人的回单

表 5-8 **山西省增值税专用发票**

2600072140　　此联不作报销，扣税凭证使用　　No.0026008

开票日期：2016 年 12 月 7 日

购货方	名　　　称：大诚公司 纳税人识别号：260060018554566 地　址、电话：白下路 126 号 63200362 开户行及账号：工行中一路支行 　　　　　　　500630002208884	密码区	7<58*+69>0<64*6_6-18* 加密版本：01 4>444>37*4>11<5\59-6 2600072140 +5*5-86+53*48-587*14> 30026008 01-250001000236580>>33

货物或应税劳务名称	规格型号	单位	数量	单价	金额	税率	税额
模具	DY	件	500	700.00	350 000.00	17%	59 500.00
合　计					¥350 000.00		¥59 500.00

价税合计（大写）	⊗ 肆拾万零玖仟伍佰元整　　　　（小写）¥409 500.00

销货方	名　　　称：江陵市江安工业制品公司 纳税人识别号：260069008650126 地　址、电话：江陵市草桥路 68 号 68682262 开户行及账号：工行二环路支行 830016005680689	备注	

收款人：王小燕　　复核：周同山　　开票人：成龙　　销货单位：（章）

表 5-9　运费垫支凭证

2016 年 12 月 7 日

收货单位	运单号码	货物名称	数量	代垫运费	代垫保险费	其他	合计金额
大诚公司	23658#	DY 产品	250	1 120.00	110.00		¥1 230.00
合计人民币（大写）壹仟贰佰叁拾元整						（小写）¥1 230.00	

业务主管：　　复核人：毛丽丽　　经办人：巩增福

【业务 2】12 月 8 日，与 HH 公司签订了租入固定资产合同，该固定资产当日公允价值（含税）为 112 万元，合同约定每年 12 月 8 日前支付 40 万元租金，连续支付 3 年，合同约定利率为 8%，租赁期满后所有权转移给本公司。首次付款 40 万元及 HH 公司代垫运费于当日汇付，该固定资产已投入安装（原始凭证见表 5-10 至表 5-13）。

表 5-10　山西省增值税专用发票

2600072140

No.30120056

开票日期：2016 年 12 月 8 日

购货单位	名　　称：江陵市江安工业制品公司 纳税人识别号：260069008650126 地址、电话：江陵市草桥路 68 号 68682262 开户行及账号：工行二环路支行 830016005680689	密码区	2<58*+69>9<64*6_-22* 加密版本：01 5>465>37*4>16<5\588　26000721401 +6*5-86+5*4-5+565*15>30120056 01-300100025449875>>18

货物或应税劳务名称	规格型号	单位	数量	单价	金额	税率	税额
设备	W263 型	台	1	341 880.34	341 880.34	17%	58 119.66
合　计					¥341 880.34		¥58 119.66

价税合计（大写）	⊗ 肆拾万元整	（小写）¥400 000.00

销货单位	名　　称：通南市河西区 HH 公司 纳税人识别号：260060228845565 地址、电话：中水路 55 号 56238565 开户行及账号：工行中此路支行 690032323003238

收款人：夏百思　复核：郝久喜　开票人：高来军　销货单位：（章）

表 5-11　中国工商银行电汇凭证（回单）　1

普通　加急　　　委托日期 2016 年 12 月 8 日　　　No.30125636

汇款人	全称	江陵市江安工业制品公司	收款人	全称	HH 公司
	账号	830016005680689		账号	690032323003238
	汇出地点	山西省江陵市		汇入地点	山西省新贡市
汇出行名称		工行二环路支行			工行中此路支行

金额	人民币（大写）肆拾万零壹仟玖佰元整	千	百	十	万	千	百	十	元	角	分
			¥	4	0	1	9	0	0	0	0

单位主管：张勇　会计：李学江　复核：王华天　记账：刘月民	汇出行盖章 2016 年 12 月 8 日

财会技能实训

表 5-12　山西省国家税务局通用机打发货票

发票代码　2235640032635
发票号码　33256532
开票日期：2016-12-8

付款方名称：江陵市江安工业制品公司	付款方识别号：260069008650126
付款方地址：江陵市草桥路 68 号	付款方电话：68682262

开票项目	规格/型号	单位	数量	单价	金额
国内运输服务					1 900.00

备注：
总计金额：¥1 900.00　　　　　　　　　金额大写：壹仟玖佰元整
收款方名称：南江公路运输公司　　　　 收款方识别号：5026594586958456232562133
　　　　　　　　　　　　　　　　　　收款方银行账号：363562323564
收款方银行名称：中国工商银行股份有限公司南江市运河支行　　收款方地址：五一路建设街 66 号
收款方电话：68666623　　　　　　　　 开票人：严彬
查验码：20005945869584562325622332　　查验网址：http://etax.jsgs.gov.cn

第一联　发票联　付款方作为付款凭证

表 5-13　山西省增值税专用发票

2600072140　　　　　　　　　　　　　　　　　　　　　　No.30120056
开票日期：2016 年 12 月 8 日

购货方	名　　称：江陵市江安工业制品公司 纳税人识别号：260069008650126 地址、电话：江陵市草桥路 68 号 68682262 开户行及账号：工行二环路支行 830016005680689	密码区	2<58*+69<64*6_6-2* 加密版本：01 5>465>37*4>16<5\5　26000721401 +6*5-86+5*48-55*15>　30120056 01-300100025449875>>18

货物或应税劳务名称	规格型号	单位	数量	单价	金额	税率	税额
设备	W263 型	台	1	341 880.34	341 880.34	17%	58 119.66
合计					¥341 880.34		¥58 119.66
价税合计（大写）	⊗肆拾万元整				（小写）¥400 000.00		

销货方	名　　称：通南市河西区 HH 公司 纳税人识别号：260060228845565 地址、电话：中水路 55 号 56238565 开户行及账号：工行中此路支行 6900323230032238	备注	

收款人：夏百思　　复核：郝久喜　　开票人：高来军　　销货单位：（章）

第二联　抵扣联　购货方扣税凭证

124

【业务3】12月8日,发出甲Ⅱ型原材料1 000千克,计划单价为100元,全部用于DY产品生产;发出乙Ⅱ型原材料200千克,计划单价为50元,全部用于DY产品生产(原始凭证见表5-14、表5-15)。

表5-14 领料单

领用部门:基本生产车间　　　　　年 月 日　　　　　　　　　　编号:2003

用 途	名 称	单 位	数 量		金 额	
			请 领	实 发	计划单位成本	总 额
合 计						

发料人:周华南　　记账:李记　　领料部门负责人:张岂明　　领料人:正刚

表5-15 领料单

领用部门:基本生产车间　　　　　年 月 日　　　　　　　　　　编号:2004

用 途	名 称	单 位	数 量		金 额	
			请 领	实 发	计划单位成本	总 额
合 计						

发料人:周华南　　记账:李记　　领料部门负责人:张岂明　　领料人:正刚

【业务4】12月9日,用银行汇票购买甲Ⅱ型原材料1 300千克,单价为96元,增值税率为17%,销售方代垫运杂费1 300元,材料未到,余款退回(原始凭证见表5-16至表5-19)。

表 5-16　山西省增值税专用发票

2600072140　　　　发票联　　　　　　No.60032637

开票日期：2016 年 12 月 9 日

购货方	名　　称：江陵市江安工业制品公司 纳税人识别号：260069008650126 地　址、电话：江陵市草桥路 68 号　68682262 开户行及账号：工行二环路支行　830016005680689	密码区	4<58*+69>9<64*6_6-19* 加密版本：01 1>465>37*4>16<5\59-27　2600072140 +5*5-86+5*48-5+5652*6> 60032637 01-2000101458747855>>165

货物或应税劳务名称	规格型号	单位	数量	单价	金额	税率	税额
泥料	甲 II	千克	1 300	96.00	124 800.00	17%	21 216.00
合　计					¥124 800.00		¥21 216.00

价税合计（大写）	⊗ 壹拾肆万陆仟零壹拾陆元整　　（小写）¥146 016.00

销货方	名　　称：北安市秦岭公司 纳税人识别号：26005000262022 地　址、电话：呼中路 12 号　55002262 开户行及账号：工行国盘路支行　300200202032323	备注	

收款人：张云开　　复核：李百大　　开票人：马可　　销货单位：（章）

表 5-17　山西省国家税务局通用机打发货票

开票日期：2016-12-9　　行业分类：　　　　发票代码　2235640032635
　　　　　　　　　　　　　　　　　　　　　发票号码　33256532

付款方名称：江陵市江安工业制品公司	付款方识别号：260069008650126
付款方地址：江陵市草桥路 68 号	付款方电话：68682262

开票项目	规格/型号	单位	数量	单价	金额
国内运输服务					1 300.00

备注：
总计金额：¥1 300.00　　　　　　　　　金额大写：壹仟玖佰元整
收款方名称：北安市顺通运输公司　　　收款方识别号：33265945869584562325612555
收款方银行名称：中国农业银行股份有限公司　　收款方银行账号：363562323564
北安市运河支行　　　　　　　　　　　　收款方地址：五一路 126 号

收款方电话：55666623　　　　　　　　　开票人：严彬
查验码：23235945869584562325632155　　查验网址：http://etax.jsgs.gov.cn

第5章 技能训练

表 5-18

付款期限 壹个月	中国工商银行 银行汇票（多余款收账通知）	山西	汇票号码 第 369 号

出票日期 贰零壹陆年壹拾贰月零陆日
（大写）

代理付款行：	行号：365									
收款人：秦岭公司	账号：300200202032323									
出票金额 人民币（大写）壹拾伍万元整	（压数机压印出票金额）									
实际结算金额人民币		千	百	十	万	千	百	十	元	角	分
（大写）壹拾肆万柒仟叁佰壹拾陆元整		¥		1	4	7	3	1	6	0	0

申请人：江陵市江安工业制品公司	账号：830016005680689									
出票行：工行二环路支行 行号：236	密押：									
备注：货款	多余金额	左列退回多余金额 已收入你账户内								
		千	百	十	万	千	百	十	元	角	分
						¥	2	6	8	4	0	0

出票行签章：

此联由出票行结算多余款后交申请人

表 5-19　　　　**山西省增值税专用发票**

2600072140　　　　　抵扣联　　　　　　　　No.60032637

开票日期：2016年12月9日

购货方	名　　称：江陵市江安工业制品公司 纳税人识别号：260069008650126 地址、电话：江陵市草桥路68号 68682262 开户行及账号：工行二环路支行 　　　　　　　830016005680689	密码区	4<58*+69>9<64*6_6-19* 加密版本： 01 1>465>37*4>16<5\59-27 2600072140 +5*5-86+5*48-5+5652*6> 60032637 01-2000101458747855>>165

货物或应税劳务名称	规格型号	单位	数量	单价	金额	税率	税额
泥料	甲Ⅱ	千克	1 300	96.00	124 800.00	17%	21 216.00
合　计					¥124 800.00		¥21 216.00

价税合计（大写）	⊗ 壹拾肆万陆仟零壹拾陆元整　　（小写）¥146 016.00

销货方	名　　称：北安市秦岭公司 纳税人识别号：26005000262022 地址、电话：呼中路12号 55002262 开户行及账号：工行国盘路支行 300200202032323	备注： 00032446

收款人：张云开　　复核：李百大　　开票人：马可　　销货单位：（章）

第二联 抵扣联 购货方扣税凭证

【业务5】 12月10日，销售给大华公司DY产品400件，单价为700元，增值税率为17%，货款已收到。(原始凭证见表5-20、表5-21、表5-22)。

表5-20 山西省增值税专用发票

购货方	名　　称：大华公司 纳税人识别号：260002320025887 地　址、电话：五化路562号 30026580 开户行及账号：工行顺德路支行 　　　　　　　300200222211160	密码区	5<525-6>9<64*6_6+65* 加密版本：01 4>9*228>3*5>16<55*6 2600072140 +1*5-26+5*48-5+5-66*> 30026010 01-4000300565875241>>22

发票号：2600072140　　此联不作报销 扣税凭证使用　　No.30026010
开票日期：12月10日

货物或应税劳务名称	规格型号	单位	数量	单价	金额	税率	税额
模具	DY	件	400	700.00	280 000.00	17%	47 600.00
合　计					¥280 000.00		¥47 600.00
价税合计（大写）		⊗ 叁拾贰万柒仟陆佰元整			（小写）¥327 600.00		

销货方	名　　称：江陵市江安工业制品公司 纳税人识别号：260069008650126 地　址、电话：江陵市草桥路68号 68682262 开户行及账号：工行二环路支行 830016005680689	备注	

收款人：王小燕　　复核：周同山　　开票人：成龙　　销货单位：（章）

表5-21 产品出库单

购货单位：　　　　　　　　　　　年　月　日　　　　　　　　　编号：8003

产品名称	规格型号	计量单位	出库数量	备注
合　计				

仓库主管：李梁　　出库人：杜式分　　记账：梁小月　　制单：王二虎

表 5-22 中国工商银行进账单（回单） 1

20xx 年 12 月 10 日

出票人	全称	大华公司		收款人	全称	江陵市江安工业制品公司
	账号	300200222211160			账号	830016005680689
	开户银行	工行顺德路支行			开户银行	工行二环路支行

金额	人民币（大写）叁拾贰万柒仟陆佰元整	亿	千	百	十	万	千	百	十	元	角	分
				¥	3	2	7	6	0	0	0	0

票据种类	支票	票据张数	1	开户银行签章
票据号码		118768764		

复核：侯东东　　记账：马艳艳

二、要求

根据以上业务填制领料单、产品出库单，编制记账凭证。

技能训练（三）

一、企业基本资料

企业名称：天安市蓝剑电子有限公司

开户行：中国建设银行天安市武夷路支行　　账号 65600356231

税务登记证号：320321090897565

地址：天安市武大路 7 号

二、应交税费相关的记账凭证

【业务 1】（见表 5-23）

表 5-23 记账凭证

2016 年 3 月 1 日　　　　　　　　　　　　　　　　　　　　　　附件 1 张
　　　　　　　　　　　　　　　　　　　　　　　　　　　　　　　总字 1 号

摘要	会计科目		借方金额									贷方金额									记账
	总账科目	明细科目	百	十	万	千	百	十	元	角	分	百	十	万	千	百	十	元	角	分	
购买3001#材料未入库，款已付	在途物资	3001#			2	1	0	0	0	0	0										

续表

摘要	会计科目		借方金额									贷方金额									记账
	总账科目	明细科目	百	十	万	千	百	十	元	角	分	百	十	万	千	百	十	元	角	分	
	应交税费	应交增值税（进项税额）				3	5	7	0	0	0										
	银行存款	65600 356231											2	4	5	7	0	0	0	0	
合　　　计			¥	2	4	5	7	0	0	0	0	¥	2	4	5	7	0	0	0	0	

会计主管：　　　　　记账：　　　　　复核：　　　　　制单：吴娟

【业务2】（见表5-24）

表5-24　记账凭证

2016年3月5日　　　　　　　　　　　　　　　　　　　　　　　　附件　1　张
　　　　　　　　　　　　　　　　　　　　　　　　　　　　　　　　总字　8　号

摘要	会计科目		借方金额									贷方金额									记账
	总账科目	明细科目	百	十	万	千	百	十	元	角	分	百	十	万	千	百	十	元	角	分	
计算房产税	管理费用	税金				1	5	0	0	0	0										
	应交税费	应交房产税													1	5	0	0	0	0	
合　　　计			¥		1	5	0	0	0	0		¥		1	5	0	0	0	0		

会计主管：　　　　　记账：　　　　　复核：　　　　　制单：吴娟

【业务 3】（见表 5-25）

表 5-25　记账凭证

2016 年 3 月 6 日　　　　　　　　　　　　　　　　　　　　　　附件 1 张
　　　　　　　　　　　　　　　　　　　　　　　　　　　　　　总字　11　号

摘要	会计科目		借方金额									贷方金额									记账
	总账科目	明细科目	百	十	万	千	百	十	元	角	分	百	十	万	千	百	十	元	角	分	
销售产品，款已预收	预收账款	利达电子有限公司			6	6	5	7	3	0	0										
	主营业务收入	1102# 产品												5	6	9	0	0	0	0	
	应交税费	应交增值税（销项税额）														9	6	7	3	0	0	
合　　计			¥		6	6	5	7	3	0	0	¥		6	6	5	7	3	0	0	

会计主管：　　　　　　记账：　　　　　　复核：　　　　　　制单：吴娟

【业务 4】（见表 5-26）

表 5-26　记账凭证

2016 年 3 月 10 日　　　　　　　　　　　　　　　　　　　　　附件 1 张
　　　　　　　　　　　　　　　　　　　　　　　　　　　　　　总字　16　号

摘要	会计科目		借方金额									贷方金额									记账
	总账科目	明细科目	百	十	万	千	百	十	元	角	分	百	十	万	千	百	十	元	角	分	
交纳企业所得税	应交税费	应交企业所得税				2	5	3	0	6	4	9										
	银行存款	65600356231													2	5	3	0	6	4	9	
合　　计			¥			2	5	3	0	6	4	9	¥			2	5	3	0	6	4	9

会计主管：　　　　　　记账：　　　　　　复核：　　　　　　制单：吴娟

【业务5】（见表5-27）

表5-27　记账凭证

2016年3月16日　　　　　　　　　　　　　　　　　　　附件 1 张

总字　27　号

摘要	会计科目		借方金额									贷方金额									记账
	总账科目	明细科目	百	十	万	千	百	十	元	角	分	百	十	万	千	百	十	元	角	分	
交纳增值税	应交税费	应交增值税（已交税金）			2	2	0	0	0	0	0										
	银行存款	65600356231												2	2	0	0	0	0	0	
	合　　计		¥	2	2	0	0	0	0	0	¥	2	2	0	0	0	0	0			

会计主管：　　　　　记账：　　　　　复核：　　　　　制单：吴娟

【业务6】（见表5-28）

表5-28　记账凭证

2016年3月18日　　　　　　　　　　　　　　　　　　　附件 1 张

总字　29　号

摘要	会计科目		借方金额									贷方金额									记账
	总账科目	明细科目	百	十	万	千	百	十	元	角	分	百	十	万	千	百	十	元	角	分	
支付工资	应付职工薪酬	工资			9	3	0	0	0	0	0										
	银行存款	65600356231												8	8	8	0	0	0	0	
	应交税费	应交个人所得税													4	2	0	0	0	0	
	合　　计		¥	9	3	0	0	0	0	0	¥	9	3	0	0	0	0	0			

会计主管：　　　　　记账：　　　　　复核：　　　　　制单：吴娟

【业务 7】（见表 5-29）

表 5-29 记账凭证

2016 年 3 月 20 日　　　　　　　　　　　　　　　　　　　　附件 1 张
　　　　　　　　　　　　　　　　　　　　　　　　　　　　　　总字　35　号

摘要	会计科目		借方金额									贷方金额									记账
	总账科目	明细科目	百	十	万	千	百	十	元	角	分	百	十	万	千	百	十	元	角	分	
销售产品，款已收	银行存款	65600356231		1	4	6	8	3	5	0	0										
	主营业务收入	1103# 产品											1	2	5	5	0	0	0	0	
	应交税费	应交增值税（销项税额）												2	1	3	3	5	0	0	
合　　计			¥	1	4	6	8	3	5	0	0	¥	1	4	6	8	3	5	0	0	

会计主管：　　　　　记账：　　　　　复核：　　　　　制单：吴娟

【业务 8】（见表 5-30）

表 5-30 记账凭证

2016 年 3 月 31 日　　　　　　　　　　　　　　　　　　　　附件 1 张
　　　　　　　　　　　　　　　　　　　　　　　　　　　　　　总字　51　号

摘要	会计科目		借方金额									贷方金额									记账
	总账科目	明细科目	百	十	万	千	百	十	元	角	分	百	十	万	千	百	十	元	角	分	
盘亏在产品，原因是被盗	待处理财产损溢	流动资产损溢				3	4	4	6	6	5										
	生产成本	1102# 产品													3	1	0	5	6	8	
	应交税费	应交增值税（进项税额转出）														3	4	0	9	7	
合　　计			¥			3	4	4	6	6	5	¥			3	4	4	6	6	5	

会计主管：　　　　　记账：　　　　　复核：　　　　　制单：吴娟

【业务9】(见表5-31)

表5-31 记账凭证

2016年3月31日 附件 1 张
总字 52 号

摘 要	会计科目		借方金额								贷方金额								记账
	总账科目	明细科目	百	十	万	千	百	十	元	角	分	百	十	万	千	百	十	元	角	分	
结转多交增值税	应交税费	未交增值税				5	7	7	8	9	7										
	应交税费	应交增值税(转出多交增值税)													5	7	7	8	9	7	
合 计			¥			5	7	7	8	9	7	¥			5	7	7	8	9	7	

会计主管: 记账: 复核: 制单:吴娟

【业务10】(见表5-32)

表5-32 记账凭证

2016年3月31日 附件 1 张
总字 59 号

摘 要	会计科目		借方金额									贷方金额									记账
	总账科目	明细科目	百	十	万	千	百	十	元	角	分	百	十	万	千	百	十	元	角	分	
计算税金及附加	税金及附加					3	7	1	3	8	3										
	应交税费	应交城建税													2	1	6	6	4	0	
		应交教育费附加													1	5	4	7	4	3	
合 计			¥			3	7	1	3	8	3	¥			3	7	1	3	8	3	

会计主管: 记账: 复核: 制单:吴娟

三、要求

开设并登记"应交税费"总账（见表5-33）。

总账采用科目汇总表账务处理程序，科目汇总表按旬汇总。假设所给定账页第一行"年月日"栏为"2016年1月10日"，"凭证号数"栏为"科汇1"，"摘要"栏为"1-10发生额"，"借方金额"为"23 835.26"，"贷方金额"为"17 493.85"，"余额"栏为"借方3 242.36"；第二行至第七行内容略；第八行"年月日"栏为"2016年2月28日"，"摘要"栏为"本月合计及余额"，"借方金额"为"44 131.72"，"贷方金额"为"59 438.19"，"余额"为"贷方15 306.47"。请先将上述数据过入账页的相应行次，并接着登记2016年3月份应交税费总账并结账。

表5-33 应交税费总账

年	月	日	凭证号数	摘要	借方	贷方	借贷	余额

开设并登记"应交税费——应交增值税"明细账（见表5-34）。

账页第一行"年月日"栏为"2016年2月21日"，"摘要"栏为"承前页"，"借方"栏"合计"为"30 172.52"，"贷方"栏"合计"为"31 108.55"，"余额"栏为"贷方4 136.36"；借方明细各栏分别为"进项税额"栏为"30 172.52"；贷方明细各栏分别为"销项税额"栏为"3 574.00"，"进项税额转出"栏为"562.36"；第二行至倒数第七行内容略；

倒数第六行"年月日"栏为"2016年2月28日","摘要"栏为"本月合计及余额","借方"栏"合计"为"51 296.35","贷方"栏"合计"为"51 296.35","余额"为"0",借方明细各栏分别为"进项税额"栏为"41 528.71","转出未交增值税"栏为"9 767.64";贷方明细各栏分别为"销项税额"栏为"50 798.39","进项税额转出"栏为"497.96"。请先将上述数据过入账页的相应行次,并接着登记2016年3月份"应交税费——应交增值税"明细账并结账。

表5-34 应交税费(应交增值税)明细账

年		凭证号数	摘要	借方				贷方					借或贷	余额
月	日			合计	进项税额	已交税金	转出未交增值税	合计	销项税额	出口退税	进项税额转出	转出多交增值税		

技能训练(四)

一、资料

南海机械厂生产费用在完工产品与在产品之间的分配采用约当产量法,原材料在每道工序开始时一次投料,企业生产的CHH6产品经过三道工序制成,在产品所耗其他费用在每道工序按50%的完工程度计算。

各工序定额及生产情况如表5-35至表5-41。

表 5-35　工时定额　　　　　　　　　　　　　　　　　　　　　　　　　　单位：时

工序	第一工序	第二工序	第三工序	合计
工时定额	30	30	40	100

表 5-36　材料费用定额　　　　　　　　　　　　　　　　　　　　　　　　单位：千克

工序	第一工序	第二工序	第三工序	合计
材料费用定额	100	60	40	200

表 5-37　在产品数量　　　　　　　　　　　　　　　　　　　　　　　　　单位：件

工序	第一工序	第二工序	第三工序	合计
在产品数量	40	30	10	80

注：WY2 产品本月完工 600 件。

表 5-38　生产费用情况　　　　　　　　　　　　　　　　　　　　　　　　单位：元

项目	直接材料	直接人工	制造费用	合计
月初在产品成本	4 000	3 393	4 050	11 443
本月生产费用	36 200	12 480	8 998.75	57 678.75
合计	40 200	15 873	13 048.75	69 121.75

表 5-39　在产品完工程度和约当产量计算表

生产工序	工时定额/时	完工程度/%	月末在产品数量/件	在产品约当产量/件
第一工序				
第二工序				
第三工序				
合计				

表 5-40　在产品投料程度和约当产量计算表

生产工序	材料定额/元	投料程度/%	月末在产品数量/件	在产品约当产量/件
第一工序				
第二工序				
第三工序				
合计				

表 5-41　完工产品、在产品成本计算单

部门：　　　　　　　　　　　产品类别：　　　年　月　　　　　　　　金额单位：元

成本项目				生产量/件		单位产品成本	完工产品成本	在产品成本
项目	月初在产品成本	本月生产费用	合计	完工产品数量	在产品约当产量			
直接材料								
直接人工								
制造费用								
合计								

二、要求

根据资料进行产品成本的计算,完成表 5-39 至 5-41 的编制(单位产品成本保留 4 位小数,其余保留 2 位小数,尾差计入在产品成本)。

技能训练(五)

一、资料

长治市国通电子有限公司 2016 年 11 月 30 日账户资料(见表 5-42)。

表 5-42 账户余额表

单位:元

账户	期末借方余额	账户	期末贷方余额
库存现金	3 100	短期借款	300 000
银行存款	1 468 067	交易性金融负债	0
其他货币资金	22 000	应付票据	100 000
交易性金融资产	28 800	应付账款	675 000
应收票据	0	预收款项	0
应收账款	503 000	应付职工薪酬	51 000
坏账准备	-10 060	应交税费	153 317
预付款项	0	应付利息	24 000
应收利息	0	应付股利	81 145
应收股利	0	其他应付款	65 000
其他应收款	4 500	长期借款	1 620 500
材料采购	200 000	其中:一年内到期的非流动负债	400 000
原材料	31 800	应付债券	0
周转材料	20 000	长期应付款	0
库存商品	283 600	专项应付款	0
材料成本差异	1 000	预计负债	0
存货跌价准备	-17 690	递延收益	0
可供出售金融资产	90 000	递延所得税负债	20 400
持有至到期投资	0	其他非流动负债	0
长期应收款	0	实收资本(或股本)	1 000 000
长期股权投资	220 000	资本公积	3 428 800
长期股权投资减值准备	-4 500	其他综合收益	12 000
投资性房地产		盈余公积	171 555
固定资产	3 610 100	利润分配(未分配利润)	131 000

续表

账户	期末借方余额	账户	期末贷方余额
累计折旧	-235 000		
固定资产减值准备	-85 000		
在建工程	670 000		
工程物资	130 000		
固定资产清理	0		
生产性生物资产	0		
油气资产	0		
无形资产	1 200 000		
累计摊销	-320 000		
开发支出	20 000		
商誉			
长期待摊费用			
递延所得税资产			
合计	7 833 717		7 833 717

表 5-43　11 月份损益类账户发生额

单位：元

账户	借方发生额	贷方发生额
主营业务收入		1 200 000
其他业务收入		300 000
公允价值变动损益		3 000
投资收益		50 000
营业外收入		
主营业务成本	880 000	
其他业务成本	120 000	
税金及附加	31 250	
销售费用	38 000	
管理费用	204 900	
财务费用	6 500	
资产减值损失	39 650	
营业外支出	72 000	
所得税费用	69 600	

二、要求

根据资料编制 2016 年 11 月 30 日资产负债表（表 5-44）及 11 月份利润表（表 5-45）

表 5-44　资产负债表

编制单位：　　　　　　　　　　2016 年 11 月 30 日　　　　　　　　　　单位：元

资产	期末余额	期初余额	负债及所有者权益（或股东权益）	期末余额	期初余额
流动资产：		略	流动负债：		略
货币资金			短期借款		
以公允价值计量且其变动计入当期损益的金融资产			以公允价值计量且其变动计入当期损益的金融负债		
应收票据			应付票据		
应收账款			应付账款		
预付款项			预收款项		
应收利息			应付职工薪酬		
应收股利			应交税费		
其他应收款			应付利息		
存货			应付股利		
一年内到期的非流动资产			其他应付款		
其他流动资产			一年内到期的非流动负债		
			其他流动负债		
流动资产合计			流动负债合计		
非流动资产：			非流动负债：		
可供出售金融资产			长期借款		
持有至到期投资			应付债券		
长期应收款			长期应付款		
长期股权投资			专项应付款		
投资性房地产			预计负债		
固定资产			递延收益		
在建工程			递延所得税负债		
工程物资			其他非流动负债		
固定资产清理			非流动负债合计		
生产性生物资产			负债合计		
油气资产			所有者权益（或股东权益）：		
无形资产			实收资本（或股本）		
开发支出			资本公积		
商誉			减：库存股		
递延所得税资产			其他综合收益		

续表

资产	期末余额	期初余额	负债及所有者权益（或股东权益）	期末余额	期初余额
其他非流动资产			盈余公积		
			未分配利润		
非流动资产合计			所有者权益（或股东权益）合计		
资产总计			负债和所有者权益（或股东权益）总计		

公司法定代表人：　　　　主管会计工作负责人：　　　　会计机构负责人：

表 5-45　利润表

编制单位：　　　　　　　　2016 年 11 月　　　　　　　　单位：元

项　　目	本期金额	上期金额
一、营业收入		略
减：营业成本		
税金及附加		
销售费用		
管理费用		
财务费用		
资产减值损失		
加：公允价值变动收益（损失以"-"号填列）		
投资收益（损失以"-"号填列）		
其中：对联营企业和合营企业的投资收益		
二、营业利润（亏损以"-"号填列）		
加：营业外收入		
其中：非流动资产处置利得		
减：营业外支出		
其中：非流动资产处置损失		
三、利润总额（亏损总额以"-"号填列）		
减：所得税费用		
四、净利润（净亏损以"-"号填列）		
五、每股收益		
（一）基本每股收益		
（二）稀释每股收益		

续表

项 目	本期金额	上期金额
六、其他综合收益		
七、综合收益总额		
公司法定代表人： 主管会计工作负责人：		会计机构负责人：

技能训练（六）

一、资料

W公司2016年度资产负债表（见表5-46）和利润表（见表5-47）。

表5-46 资产负债表

编制单位：W公司　　　　　2016年12月31日　　　　　　　　　　单位：元

资产	期末余额	期初余额	负债及所有者权益（或股东权益）	期末余额	期初余额
流动资产：			流动负债：		
货币资金	80 500	89 500	短期借款	0	50 000
以公允价值计量且其变动计入当期损益的金融资产	20 000	28 000	以公允价值计量且其变动计入当期损益的金融负债		
应收票据			应付票据	120 000	0
应收账款	54 000	39 000	应付账款	49 500	93 000
预付款项			预收款项		
应收利息			应付职工薪酬		
应收股利			应交税费		
其他应收款			应付利息		
存货	80 000	165 000	应付股利		
一年内到期的非流动资产			其他应付款		
其他流动资产			一年内到期的非流动负债		
			其他流动负债		
流动资产合计	234 500	321 500	流动负债合计	169 500	143 000
非流动资产：			非流动负债：		
可供出售金融资产			长期借款		
持有至到期投资			应付债券	80 000	225 000
长期应收款	0	15 000	长期应付款		
长期股权投资			专项应付款		
投资性房地产			预计负债		
固定资产	235 000	475 500	递延收益		
在建工程			递延所得税负债		

续表

资产	期末余额	期初余额	负债及所有者权益（或股东权益）	期末余额	期初余额
工程物资			其他非流动负债		
固定资产清理			非流动负债合计	80 000	225 000
生产性生物资产			负债合计	249 500	368 000
油气资产			所有者权益(或股东权益)：		
无形资产			实收资本（或股本）	190 000	240 000
开发支出			资本公积		
商誉			减：库存股		
递延所得税资产			其他综合收益		
其他非流动资产			盈余公积		
			未分配利润	30 000	204 000
非流动资产合计	235 000	490 500	所有者权益（或股东权益）合计	220 000	444 000
资产总计	469 500	812 000	负债和所有者权益（或股东权益）总计	469 500	812 000

公司法定代表人：　　　　主管会计工作负责人：　　　　会计机构负责人：

表5-47　利润表

编制单位：W公司　　　　2016年12月31日　　　　　　　　　　　　　单位：元

项　　目	本期金额	上期金额
一、营业收入	738 000	略
减：营业成本	360 000	
营业税金及附加		
销售费用		
管理费用	61 000	
财务费用	10 000	
资产减值损失		
加：公允价值变动收益（损失以"-"号填列）		
投资收益（损失以"-"号填列）	3 000	
其中：对联营企业和合营企业的投资收益		
二、营业利润（亏损以"-"号填列）	310 000	
加：营业外收入	3 000	
其中：非流动资产处置利得		
减：营业外支出	10 000	
其中：非流动资产处置损失		
三、利润总额（亏损总额以"-"号填列）	303 000	
减：所得税费用	102 000	

续表

项　　目	本期金额	上期金额
四、净利润（净亏损以"-"号填列）	201 000	
五、每股收益		
（一）基本每股收益		
（二）稀释每股收益		
六、其他综合收益		
七、综合收益总额		

公司法定代表人：　　　　主管会计工作负责人：　　　　会计机构负责人：

其他有关资料：

本年度支付了 27 000 元现金股利；主营业务成本 360 000 元中，包括工资费用 165 000 元。管理费用 61 000 元，其中包括折旧费用 21 500 元，支付其他费用 39 500 元；本年度出售固定资产一台，原价 60 000 元，已提折旧 5 000 元，处置价格为 58 000 元，已收到现金；本年度购入固定资产，价款 317 000 元，以银行存款支付；本年度出售交易性金融资产收到现金 18 000 元，成本 15 000 元；本年度购入股票投资作为交易性金融资产，支付价款 23 000 元；本年度偿付应付公司债券 70 000 元，新发行债券 215 000 元，已收到现金；本年度发生火灾造成存货损失 10 000 元，已计入营业外支出；本年度支付经营租赁方式租入的固定资产发生的改良支出 15 000 元；本年度发行新股 50 000 元，已收到现金；期末存货均为外购原材料；本年度从银行取得短期借款 50 000 元。

为简便起见，不考虑流转税，假定 W 公司没有现金等价物，应收账款全部为应收销货款，应付账款全部为应付购货款。

二、要求

根据上述资料编制 W 公司的现金流量表（见表 5-48）并写出计算的具体过程。

表 5-48　现金流量表

编制单位：W 公司　　　　　　　　2016 年度　　　　　　　　单位：元

项目	金额
一、经营活动产生的现金流量：	
销售商品、提供劳务收到的现金	
收到的税费返还	
收到的其他与经营活动有关的资金	
经营活动现金流入小计	
购买商品、接受劳务支付的现金	
支付给职工以及为职工支付的现金	
支付的各项税费	
支付其他与经营活动有关的现金	
经营活动现金流出小计	

续表

项目	金额
经营活动产生的现金流量净额	
二、投资活动产生的现金流量：	
收回投资收到的现金	
取得投资收益收到的现金	
处置固定资产、无形资产和其他长期资产收回的现金净额	
处置子公司及其他营业单位收到的现金净额	
收到其他与投资活动有关的现金	
投资活动现金流入小计	
购建固定资产、无形资产和其他长期资产所支付的现金	
投资支付的现金	
取得子公司及其他营业单位支付的现金净额	
支付其他与投资活动有关的现金	
投资活动现金流出小计	
投资活动产生的现金流量净额	
三、筹资活动所产生的现金流量：	
吸收投资收到的现金	
取得借款收到的现金	
收到其他与筹资活动有关的现金	
筹资活动现金流入小计	
偿还债务支付的现金	
分配股利、利润或偿付利息所支付的现金	
支付其他与筹资活动有关的现金	
筹资活动现金流出小计	
筹资活动产生的现金流量净额	
四、汇率变动对现金及现金等价物的影响	
五、现金及现金等价物净增加额	
加：期初现金及现金等价物余额	
六、期末现金及现金等价物余额	
补充资料	
将净利润调节为经营活动现金流量：	
净利润	
加：资产减值准备	
固定资产折旧	
无形资产摊销	
长期待摊费用摊销	

续表

项目	金额
处置固定资产、无形资产和其他长期资产的损失(收益以"-"号填列)	
固定资产报废损失(收益以"-"号填列)	
财务费用(收益以"-"号填列)	
投资损失(收益以"-"号填列)	
存货的减少(增加以"-"号填列)	
经营性应收项目的减少(增加以"-"号填列)	
经营性应付项目的增加(减少以"-"号填列)	
经营活动产生的现金流量净额	

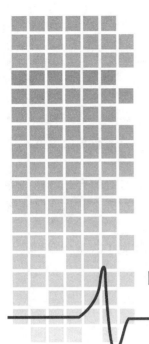

附录 1

中华人民共和国会计法

（1985年1月21日第六届全国人民代表大会常务委员会第九次会议通过，根据1993年12月29日第八届全国人民代表大会常务委员会第五次会议《关于修改〈中华人民共和国会计法〉的决定》修正，1999年10月31日第九届全国人民代表大会常务委员会第十二次会议修订，自2000年7月1日起施行）

第一章 总 则

第一条 为了规范会计行为，保证会计资料真实、完整，加强经济管理和财务管理，提高经济效益，维护社会主义市场经济秩序，制定本法。

第二条 国家机关、社会团体、公司、企业、事业单位和其他组织（以下统称单位）必须依照本法办理会计事务。

第三条 各单位必须依法设置会计账簿，并保证其真实、完整。

第四条 单位负责人对本单位的会计工作和会计资料的真实性、完整性负责。

第五条 会计机构、会计人员依照本法规定进行会计核算，实行会计监督。

任何单位或者个人不得以任何方式授意、指使、强令会计机构、会计人员伪造、变造会计凭证、会计账簿和其他会计资料，提供虚假财务会计报告。

任何单位或者个人不得对依法履行职责、抵制违反本法规定行为的会计人员实行打击报复。

第六条　对认真执行本法，忠于职守，坚持原则，做出显著成绩的会计人员，给予精神的或者物质的奖励。

第七条　国务院财政部门主管全国的会计工作。

县级以上地方各级人民政府财政部门管理本行政区域内的会计工作。

第八条　国家实行统一的会计制度。国家统一的会计制度由国务院财政部门根据本法制定并公布。

国务院有关部门可以依照本法和国家统一的会计制度制定对会计核算和会计监督有特殊要求的行业实施国家统一的会计制度的具体办法或者补充规定，报国务院财政部门审核批准。

中国人民解放军总后勤部可以依照本法和国家统一的会计制度制定军队实施国家统一的会计制度的具体办法，报国务院财政部门备案。

第二章　会计核算

第九条　各单位必须根据实际发生的经济业务事项进行会计核算，填制会计凭证，登记会计账簿，编制财务会计报告。

任何单位不得以虚假的经济业务事项或者资料进行会计核算。

第十条　下列经济业务事项，应当办理会计手续，进行会计核算：

（一）款项和有价证券的收付。

（二）财物的收发、增减和使用。

（三）债权债务的发生和结算。

（四）资本、基金的增减。

（五）收入、支出、费用、成本的计算。

（六）财务成果的计算和处理。

（七）需要办理会计手续、进行会计核算的其他事项。

第十一条　会计年度自公历1月1日起至12月31日止。

第十二条　会计核算以人民币为记账本位币。

业务收支以人民币以外的货币为主的单位，可以选定其中一种货币作为记账本位币，但是编报的财务会计报告应当折算为人民币。

第十三条　会计凭证、会计账簿、财务会计报告和其他会计资料，必须符合国家统一的会计制度的规定。

使用电子计算机进行会计核算的，其软件及其生成的会计凭证、会计账簿、财务会计报告和其他会计资料，也必须符合国家统一的会计制度的规定。

任何单位和个人不得伪造、变造会计凭证、会计账簿及其他会计资料，不得提供虚假的财务会计报告。

第十四条　会计凭证包括原始凭证和记账凭证。

办理本法第十条所列的经济业务事项，必须填制或者取得原始凭证并及时送交会计机构。

会计机构、会计人员必须按照国家统一的会计制度的规定对原始凭证进行审核,对不真实、不合法的原始凭证有权不予接受,并向单位负责人报告;对记载不准确、不完整的原始凭证予以退回,并要求按照国家统一的会计制度的规定更正、补充。

原始凭证记载的各项内容均不得涂改;原始凭证有错误的,应当由出具单位重开或者更正,更正处应当加盖出具单位印章。原始凭证金额有错误的,应当由出具单位重开,不得在原始凭证上更正。

记账凭证应当根据经过审核的原始凭证及有关资料编制。

第十五条 会计账簿登记,必须以经过审核的会计凭证为依据,并符合有关法律、行政法规和国家统一的会计制度的规定。会计账簿包括总账、明细账、日记账和其他辅助性账簿。

会计账簿应当按照连续编号的页码顺序登记。会计账簿记录发生错误或者隔页、缺号、跳行的,应当按照国家统一的会计制度规定的方法更正,并由会计人员和会计机构负责人(会计主管人员)在更正处盖章。

使用电子计算机进行会计核算的,其会计账簿的登记、更正,应当符合国家统一的会计制度的规定。

第十六条 各单位发生的各项经济业务事项应当在依法设置的会计账簿上统一登记、核算,不得违反本法和国家统一的会计制度的规定私设会计账簿登记、核算。

第十七条 各单位应当定期将会计账簿记录与实物、款项及有关资料相互核对,保证会计账簿记录与实物及款项的实有数额相符、会计账簿记录与会计凭证的有关内容相符、会计账簿之间相对应的记录相符、会计账簿记录与会计报表的有关内容相符。

第十八条 各单位采用的会计处理方法,前后各期应当一致,不得随意变更;确有必要变更的,应当按照国家统一的会计制度的规定变更,并将变更的原因、情况及影响在财务会计报告中说明。

第十九条 单位提供的担保、未决诉讼等或有事项,应当按照国家统一的会计制度的规定,在财务会计报告中予以说明。

第二十条 财务会计报告应当根据经过审核的会计账簿记录和有关资料编制,并符合本法和国家统一的会计制度关于财务会计报告的编制要求、提供对象和提供期限的规定;其他法律、行政法规另有规定的,从其规定。

财务会计报告由会计报表、会计报表附注和财务情况说明书组成。向不同的会计资料使用者提供的财务会计报告,其编制依据应当一致。有关法律、行政法规规定会计报表、会计报表附注和财务情况说明书须经注册会计师审计的,注册会计师及其所在的会计师事务所出具的审计报告应当随同财务会计报告一并提供。

第二十一条 财务会计报告应当由单位负责人和主管会计工作的负责人、会计机构负责人(会计主管人员)签名并盖章;设置总会计师的单位,还须由总会计师签名并盖章。

单位负责人应当保证财务会计报告真实、完整。

第二十二条 会计记录的文字应当使用中文。在民族自治地方,会计记录可以同时使用当地通用的一种民族文字。在中华人民共和国境内的外商投资企业、外国企业和其他外国组织的会计记录可以同时使用一种外国文字。

第二十三条　各单位对会计凭证、会计账簿、财务会计报告和其他会计资料应当建立档案，妥善保管。会计档案的保管期限和销毁办法，由国务院财政部门会同有关部门制定。

第三章　公司、企业会计核算的特别规定

第二十四条　公司、企业进行会计核算，除应当遵守本法第二章的规定外，还应当遵守本章规定。

第二十五条　公司、企业必须根据实际发生的经济业务事项，按照国家统一的会计制度的规定确认、计量和记录资产、负债、所有者权益、收入、费用、成本和利润。

第二十六条　公司、企业进行会计核算不得有下列行为：

（一）随意改变资产、负债、所有者权益的确认标准或者计量方法，虚列、多列、不列或者少列资产、负债、所有者权益。

（二）虚列或者隐瞒收入，推迟或者提前确认收入。

（三）随意改变费用、成本的确认标准或者计量方法，虚列、多列、不列或者少列费用、成本。

（四）随意调整利润的计算、分配方法，编造虚假利润或者隐瞒利润。

（五）违反国家统一的会计制度规定的其他行为。

第四章　会计监督

第二十七条　各单位应当建立、健全本单位内部会计监督制度。单位内部会计监督制度应当符合下列要求：

（一）记账人员与经济业务事项和会计事项的审批人员、经办人员、财物保管人员的职责权限应当明确，并相互分离、相互制约。

（二）重大对外投资、资产处置、资金调度和其他重要经济业务事项的决策和执行的相互监督、相互制约程序应当明确。

（三）财产清查的范围、期限和组织程序应当明确。

（四）对会计资料定期进行内部审计的办法和程序应当明确。

第二十八条　单位负责人应当保证会计机构、会计人员依法履行职责，不得授意、指使、强令会计机构、会计人员违法办理会计事项。

会计机构、会计人员对违反本法和国家统一的会计制度规定的会计事项，有权拒绝办理或者按照职权予以纠正。

第二十九条　会计机构、会计人员发现会计账簿记录与实物、款项及有关资料不相符的，按照国家统一的会计制度的规定有权自行处理的，应当及时处理；无权处理的，应当立即向单位负责人报告，请求查明原因，作出处理。

第三十条　任何单位和个人对违反本法和国家统一的会计制度规定的行为，有权检举。收到检举的部门有权处理的，应当依法按照职责分工及时处理；无权处理的，应当及时移送有权处理的部门处理。收到检举的部门、负责处理的部门应当为检举人保密，不得将检

举人姓名和检举材料转给被检举单位和被检举人个人。

第三十一条　有关法律、行政法规规定，须经注册会计师进行审计的单位，应当向受委托的会计师事务所如实提供会计凭证、会计账簿、财务会计报告和其他会计资料以及有关情况。

任何单位或者个人不得以任何方式要求或者示意注册会计师及其所在的会计师事务所出具不实或者不当的审计报告。

财政部门有权对会计师事务所出具审计报告的程序和内容进行监督。

第三十二条　财政部门对各单位的下列情况实施监督：

（一）是否依法设置会计账簿。

（二）会计凭证、会计账簿、财务会计报告和其他会计资料是否真实、完整。

（三）会计核算是否符合本法和国家统一的会计制度的规定。

（四）从事会计工作的人员是否具备从业资格。

在对前款第（二）项所列事项实施监督，发现重大违法嫌疑时，国务院财政部门及其派出机构可以向与被监督单位有经济业务往来的单位和被监督单位开立账户的金融机构查询有关情况，有关单位和金融机构应当给予支持。

第三十三条　财政、审计、税务、人民银行、证券监管、保险监管等部门应当依照有关法律、行政法规规定的职责，对有关单位的会计资料实施监督检查。

前款所列监督检查部门对有关单位的会计资料依法实施监督检查后，应当出具检查结论。有关监督检查部门已经作出的检查结论能够满足其他监督检查部门履行本部门职责需要的，其他监督检查部门应当加以利用，避免重复查账。

第三十四条　依法对有关单位的会计资料实施监督检查的部门及其工作人员对在监督检查中知悉的国家秘密和商业秘密负有保密义务。

第三十五条　各单位必须依照有关法律、行政法规的规定，接受有关监督检查部门依法实施的监督检查，如实提供会计凭证、会计账簿、财务会计报告和其他会计资料以及有关情况，不得拒绝、隐匿、谎报。

第五章　会计机构和会计人员

第三十六条　各单位应当根据会计业务的需要，设置会计机构，或者在有关机构中设置会计人员并指定会计主管人员；不具备设置条件的，应当委托经批准设立从事会计代理记账业务的中介机构代理记账。

国有的和国有资产占控股地位或者主导地位的大、中型企业必须设置总会计师。总会计师的任职资格、任免程序、职责权限由国务院规定。

第三十七条　会计机构内部应当建立稽核制度。

出纳人员不得兼任稽核、会计档案保管和收入、支出、费用、债权债务账目的登记工作。

第三十八条　从事会计工作的人员，必须取得会计从业资格证书。

担任单位会计机构负责人（会计主管人员）的，除取得会计从业资格证书外，还应当具备会计师以上专业技术职务资格或者从事会计工作三年以上经历。

会计人员从业资格管理办法由国务院财政部门规定。

第三十九条 会计人员应当遵守职业道德，提高业务素质。对会计人员的教育和培训工作应当加强。

第四十条 因有提供虚假财务会计报告，做假账，隐匿或者故意销毁会计凭证、会计账簿、财务会计报告，贪污，挪用公款，职务侵占等与会计职务有关的违法行为被依法追究刑事责任的人员，不得取得或者重新取得会计从业资格证书。

除前款规定的人员外，因违法违纪行为被吊销会计从业资格证书的人员，自被吊销会计从业资格证书之日起五年内，不得重新取得会计从业资格证书。

第四十一条 会计人员调动工作或者离职，必须与接管人员办清交接手续。

一般会计人员办理交接手续，由会计机构负责人（会计主管人员）监交；会计机构负责人（会计主管人员）办理交接手续，由单位负责人监交，必要时主管单位可以派人会同监交。

第六章 法律责任

第四十二条 违反本法规定，有下列行为之一的，由县级以上人民政府财政部门责令限期改正，可以对单位并处三千元以上五万元以下的罚款；对其直接负责的主管人员和其他直接责任人员，可以处二千元以上二万元以下的罚款；属于国家工作人员的，还应当由其所在单位或者有关单位依法给予行政处分：

（一）不依法设置会计账簿的。

（二）私设会计账簿的。

（三）未按照规定填制、取得原始凭证或者填制、取得的原始凭证不符合规定的。

（四）以未经审核的会计凭证为依据登记会计账簿或者登记会计账簿不符合规定的。

（五）随意变更会计处理方法的。

（六）向不同的会计资料使用者提供的财务会计报告编制依据不一致的。

（七）未按照规定使用会计记录文字或者记账本位币的。

（八）未按照规定保管会计资料，致使会计资料毁损、灭失的。

（九）未按照规定建立并实施单位内部会计监督制度或者拒绝依法实施的监督或者不如实提供有关会计资料及有关情况的。

（十）任用会计人员不符合本法规定的。

有前款所列行为之一，构成犯罪的，依法追究刑事责任。

会计人员有第一款所列行为之一，情节严重的，由县级以上人民政府财政部门吊销会计从业资格证书。

有关法律对第一款所列行为的处罚另有规定的，依照有关法律的规定办理。

第四十三条 伪造、变造会计凭证、会计账簿，编制虚假财务会计报告，构成犯罪的，依法追究刑事责任。

有前款行为，尚不构成犯罪的，由县级以上人民政府财政部门予以通报，可以对单位并处五千元以上十万元以下的罚款；对其直接负责的主管人员和其他直接责任人员，可以处三千元以上五万元以下的罚款；属于国家工作人员的，还应当由其所在单位或者有关单位依法给予撤职直至开除的行政处分；对其中的会计人员，并由县级以上人民政府财政部门吊销会计从业资格证书。

第四十四条 隐匿或者故意销毁依法应当保存的会计凭证、会计账簿、财务会计报告，构成犯罪的，依法追究刑事责任。

有前款行为，尚不构成犯罪的，由县级以上人民政府财政部门予以通报，可以对单位并处五千元以上十万元以下的罚款；对其直接负责的主管人员和其他直接责任人员，可以处三千元以上五万元以下的罚款；属于国家工作人员的，还应当由其所在单位或者有关单位依法给予撤职直至开除的行政处分；对其中的会计人员，并由县级以上人民政府财政部门吊销会计从业资格证书。

第四十五条 授意、指使、强令会计机构、会计人员及其他人员伪造、变造会计凭证、会计账簿，编制虚假财务会计报告或者隐匿、故意销毁依法应当保存的会计凭证、会计账簿、财务会计报告，构成犯罪的，依法追究刑事责任；尚不构成犯罪的，可以处五千元以上五万元以下的罚款；属于国家工作人员的，还应当由其所在单位或者有关单位依法给予降级、撤职、开除的行政处分。

第四十六条 单位负责人对依法履行职责、抵制违反本法规定行为的会计人员以降级、撤职、调离工作岗位、解聘或者开除等方式实行打击报复，构成犯罪的，依法追究刑事责任；尚不构成犯罪的，由其所在单位或者有关单位依法给予行政处分。对受打击报复的会计人员，应当恢复其名誉和原有职务、级别。

第四十七条 财政部门及有关行政部门的工作人员在实施监督管理中滥用职权、玩忽职守、徇私舞弊或者泄露国家秘密、商业秘密，构成犯罪的，依法追究刑事责任；尚不构成犯罪的，依法给予行政处分。

第四十八条 违反本法第三十条规定，将检举人姓名和检举材料转给被检举单位和被检举人个人的，由所在单位或者有关单位依法给予行政处分。

第四十九条 违反本法规定，同时违反其他法律规定的，由有关部门在各自职权范围内依法进行处罚。

第七章 附 则

第五十条 本法下列用语的含义：

单位负责人，是指单位法定代表人或者法律、行政法规规定代表单位行使职权的主要负责人。

国家统一的会计制度，是指国务院财政部门根据本法制定的关于会计核算、会计监督、会计机构和会计人员以及会计工作管理的制度。

第五十一条 个体工商户会计管理的具体办法，由国务院财政部门根据本法的原则另行规定。

第五十二条 本法自 2000 年 7 月 1 日起施行。

会计基础工作规范

第一章 总则

第一条 为了加强会计基础工作，建立规范的会计工作秩序，提高会计工作水平，根据《中华人民共和国会计法》的有关规定，制定本规范。

第二条 国家机关、社会团体、企业、事业单位、个体工商户和其他组织的会计基础工作，应当符合本规范的规定。

第三条 各单位应当依据有关法规、法规和本规范的规定，加强会计基础工作，严格执行会计法规制度，保证会计工作依法有序地进行。

第四条 单位领导人对本单位的会计基础工作负有领导责任。

第五条 各省、自治区、直辖市财政厅（局）要加强对会计基础工作的管理和指导，通过政策引导、经验交流、监督检查等措施，促进基层单位加强会计基础工作，不断提高会计工作水平。

国务院各业务主管部门根据职责权限管理本部门的会计基础工作。

第二章 会计机构和会计人员

第一节 会计机构设置和会计人员配备

第六条 各单位应当根据会计业务的需要设置会计机构；不具备单独设置会计机构条件的，应当在有关机构中配备专职会计人员。

事业行政单位会计机构的设置和会计人员的配备，应当符合国家统一事业行政单位会计制度的规定。

设置会计机构，应当配备会计机构负责人；在有关机构中配备专职会计人员，应当在专职会计人员中指定会计主管人员。

会计机构负责人、会计主管人员的任免，应当符合《中华人民共和国会计法》和有关法律的规定。

第七条 会计机构负责人、会计主管人员应当具备下列基本条件：

（一）坚持原则，廉洁奉公。

（二）具有会计专业技术资格。

（三）主管一个单位或者单位内一个重要方面的财务会计工作时间不少于2年。

（四）熟悉国家财经法律、法规、规章和方针、政策，掌握本行业业务管理的有关知识。

（五）有较强的组织能力。

（六）身体状况能够适应本职工作的要求。

第八条 没有设置会计机构和配备会计人员的单位，应当根据《代理记账管理暂行办法》委托会计师事务所或者持有代理记账许可证书的其他代理记账机构进行代理记账。

第九条 大、中型企业、事业单位、业务主管部门应当根据法律和国家有关规定设置总会计师。总会计师由具有会计师以上专业技术资格的人员担任。

总会计师行使《总会计师条例》规定的职责、权限。

总会计师的任命（聘任）、免职（解聘）依照《总会计师条例》和有关法律的规定办理。

第十条 各单位应当根据会计业务需要配备持有会计证的会计人员。未取得会计证的人员，不得从事会计工作。

第十一条 各单位应当根据会计业务需要设置会计工作岗位。

会计工作岗位一般可分为：会计机构负责人或者会计主管人员，出纳，财产物资核算，工资核算，成本费用核算，财务成果核算，资金核算，往来结算，总账报表，稽核，档案管理等。开展会计电算化和管理会计的单位，可以根据需要设置相应工作岗位，也可以与其他工作岗位相结合。

第十二条 会计工作岗位，可以一人一岗、一人多岗或者一岗多人。但出纳人员不得兼管稽核、会计档案保管和收入、费用、债权债务账目的登记工作。

第十三条 会计人员的工作岗位应当有计划地进行轮换。

第十四条 会计人员应当具备必要的专业知识和专业技能，熟悉国家有关法律、法规、规章和国家统一会计制度，遵守职业道德。

会计人员应当按照国家有关规定参加会计业务的培训。各单位应当合理安排会计人员的培训，保证会计人员每年有一定时间用于学习和参加培训。

第十五条　各单位领导人应当支持会计机构、会计人员依法行使职权；对忠于职守、坚持原则，做出显著成绩的会计机构、会计人员，应当给予精神的和物质的奖励。

第十六条　国家机关、国有企业、事业单位任用会计人员应当实行回避制度。

单位领导人的直系亲属不得担任本单位的会计机构负责人、会计主管人员。会计机构负责人、会计主管人员的直系亲属不得在本单位会计机构中担任出纳工作。

需要回避的直系亲属为：夫妻关系、直系血亲关系、三代以内旁系血亲以及配偶亲关系。

第二节　会计人员职业道德

第十七条　会计人员在会计工作中应当遵守职业道德，树立良好的职业品质、严谨的工作作风，严守工作纪律，努力提高工作效率和工作质量。

第十八条　会计人员应当热爱本职工作，努力钻研业务，使自己的知识和技能适应所从事工作的要求。

第十九条　会计人员应当熟悉财经法律、法规、规章和国家统一会计制度，并结合会计工作进行广泛宣传。

第二十条　会计人员应当按照会计法规、法规和国家统一会计制度规定的程序和要求进行会计工作，保证所提供的会计信息合法、真实、准确、及时、完整。

第二十一条　会计人员办理会计事务应当实事求是、客观公正。

第二十二条　会计人员应当熟悉本单位的生产经营和业务管理情况，运用掌握的会计信息和会计方法，为改善单位内部管理、提高经济效益服务。

第二十三条　会计人员应当保守本单位的商业秘密。除法律规定和单位领导人同意外，不能私自向外界提供或者泄露单位的会计信息。

第二十四条　财政部门、业务主管部门和各单位应当定期检查会计人员遵守职业道德的情况，并作为会计人员晋升、晋级、聘任专业职务、表彰奖励的重要考核依据。

会计人员违反职业道德的，由所在单位进行处罚；情节严重的，由会计证发证机关吊销其会计证。

第三节　会计工作交接

第二十五条　会计人员工作调动或者因故离职，必须将本人所经管的会计工作全部移交给接替人员。没有办清交接手续的，不得调动或者离职。

第二十六条　接替人员应当认真接管移交工作，并继续办理移交的未了事项。

第二十七条　会计人员办理移交手续前，必须及时做好以下工作：

（一）已经受理的经济业务尚未填制会计凭证的，应当填制完毕。

（二）尚未登记的账目，应当登记完毕，并在最后一笔余额后加盖经办人员印章。

（三）整理应该移交的各项资料，对未了事项写出书面材料。

（四）编制移交清册，列明应当移交的会计凭证、会计账簿、会计报表、印章、现金、有价证券、支票簿、发票、文件、其他会计资料和物品等内容；实行会计电算化的单位，从事该项工作的移交人员还应当在移交清册中列明会计软件及密码、会计软件数据磁盘（磁带等）及有关资料、实物等内容。

第二十八条 会计人员办理交接手续，必须有监交人负责监交。一般会计人员交接，由单位会计机构负责人、会计主管人员负责监交；会计机构负责人、会计主管人员交接，由单位领导人负责监交，必要时可由上级主管部门派人会同监交。

第二十九条 移交人员在办理移交时，要按移交清册逐项移交；接替人员要逐项核对点收。

（一）现金、有价证券要根据会计账簿有关记录进行点交。库存现金、有价证券必须与会计账簿记录保持一致。不一致时，移交人员必须限期查清。

（二）会计凭证、会计账簿、会计报表和其他会计资料必须完整无缺。如有短缺，必须查清原因，并在移交清册中注明，由移交人员负责。

（三）银行存款账户余额要与银行对账单核对，如不一致，应当编制银行存款余额调节表调节相符，各种财产物资和债权债务的明细账户余额要与总账有关账户余额核对相符；必要时，要抽查个别账户的余额，与实物核对相符，或者与往来单位、个人核对清楚。

（四）移交人员经管的票据、印章和其他实物等，必须交接清楚；移交人员从事会计电算化工作的，要对有关电子数据在实际操作状态下进行交接。

第三十条 会计机构负责人、会计主管人员移交时，还必须将全部财务会计工作、重大财务收支和会计人员的情况等，向接替人员详细介绍。对需要移交的遗留问题，应当写出书面材料。

第三十一条 交接完毕后，交接双方和监交人员要在移交注册上签名或者盖章。并应在移交注册上注明：单位名称，交接日期，交接双方和监交人员的职务、姓名，移交清册页数以及需要说明的问题和意见等。

移交清册一般应当填制一式三份，交接双方各执一份，存档一份。

第三十二条 接替人员应当继续使用移交的会计账簿，不得自行另立新账，以保持会计记录的连续性。

第三十三条 会计人员临时离职或者因病不能工作且需要接替或者代理的，会计机构负责人、会计主管人员或者单位领导人必须指定有关人员接替或者代理，并办理交接手续。

临时离职或者因病不能工作的会计人员恢复工作的，应当与接替或者代理人员办理交接手续。

移交人员因病或者其他特殊原因不能亲自办理移交的，经单位领导人批准，可由移交人员委托他人代办移交，但委托人应当承担本规范第三十五条规定的责任。

第三十四条 单位撤销时，必须留有必要的会计人员，会同有关人员办理清理工作，编制决算。未移交前，不得离职。接收单位和移交日期由主管部门确定。

单位合并、分立的，其会计工作交接手续比照上述有关规定办理。

第三十五条 移交人员对所移交的会计凭证、会计账簿、会计报表和其他有关资料的合法性、真实性承担法律责任。

第三章　会计核算

第一节　会计核算一般要求

第三十六条　各单位应当按照《中华人民共和国会计法》和国家统一会计制度的规定建立会计账册，进行会计核算，及时提供合法、真实、准确、完整的会计信息。

第三十七条　各单位发生的下列事项，应当及时办理会计手续、进行会计核算：

（一）款项和有价证券的收付。

（二）财物的收发、增减和使用。

（三）债权债务的发生和结算。

（四）资本、基金的增减。

（五）收入、支出、费用、成本的计算。

（六）财务成果的计算和处理。

（七）其他需要办理会计手续、进行会计核算的事项。

第三十八条　各单位的会计核算应当以实际发生的经济业务为依据，按照规定的会计处理方法进行，保证会计指标的口径一致、相互可比和会计处理方法的前后各期相一致。

第三十九条　会计年度自公历1月1日起至12月31日止。

第四十条　会计核算以人民币为记账本位币。

收支业务以外国货币为主的单位，也可以选定某种外国货币作为记账本位币，但是编制的会计报表应当折算为人民币反映。

境外单位向国内有关部门编报的会计报表，应当折算为人民币反映。

第四十一条　各单位根据国家统一会计制度的要求，在不影响会计核算要求、会计报表指标汇总和对外统一会计报表的前提下，可以根据实际情况自行设置和使用会计科目。

事业行政单位会计科目的设置和使用，应当符合国家统一事业行政单位会计制度的规定。

第四十二条　会计凭证、会计账簿、会计报表和其他会计资料的内容和要求必须符合国家统一会计制度的规定，不得伪造、变造会计凭证和会计账簿，不得设置账外账，不得报送虚假会计报表。

第四十三条　各单位对外报送的会计报表格式由财政部统一规定。

第四十四条　实行会计电算化的单位，对使用的会计软件及其生成的会计凭证、会计账簿、会计报表和其他会计资料的要求，应当符合财政部关于会计电算化的有关规定。

第四十五条　各单位的会计凭证、会计账簿、会计报表和其他会计资料，应当建立档案，妥善保管。会计档案建档要求、保管期限、销毁办法等依据《会计档案管理办法》的规定进行。

实行会计电算化的单位，有关电子数据、会计软件资料等应当作为会计档案进行管理。

第四十六条　会计记录的文字应当使用中文，少数民族自治地区可以同时使用少数民族文字。中国境内的外商投资企业、外国企业和其他外国经济组织也可以同时使用某种外国文字。

第二节 填制会计凭证

第四十七条 各单位办理本规范第三十七条规定的事项,必须取得或者填制原始凭证,并及时送交会计机构。

第四十八条 原始凭证的基本要求是:

(一)原始凭证的内容必须具备:凭证的名称;填制凭证的日期;填制凭证单位名称或者填制人姓名;经办人员的签名或者盖章;接受凭证单位名称;经济业务内容;数量、单价和金额。

(二)从外单位取得的原始凭证,必须盖有填制单位的公章;从个人取得的原始凭证,必须有填制人员的签名或者盖章。自制原始凭证必须有经办单位领导人或者其指定的人员签名或者盖章。对外开出的原始凭证,必须加盖本单位公章。

(三)凡填有大写和小写金额的原始凭证,大写与小写金额必须相符。购买实物的原始凭证,必须有验收证明。支付款项的原始凭证,必须有收款单位和收款人的收款证明。

(四)一式几联的原始凭证,应当注明各联的用途,只能以一联作为报销凭证。

一式几联的发票和收据,必须用双面复写纸(发票和收据本身具备复写纸功能的除外)套写,并连续编号。作废时应当加盖"作废"戳记,连同存根一起保存,不得撕毁。

(五)发生销货退回的,除填制退货发票外,还必须有退货验收证明;退款时,必须取得对方的收款收据或者汇款银行的凭证,不得以退货发票代替收据。

(六)职工公出借款凭据,必须附在记账凭证之后。收回借款时,应当另开收据或者退还借据副本,不得退还原借款收据。

(七)经上级有关部门批准的经济业务,应当将批准文件作为原始凭证附件。如果批准文件需要单独归档的,应当在凭证上注明批准机关名称、日期和文件字号。

第四十九条 原始凭证不得涂改、挖补。发现原始凭证有错误的,应当由开出单位重开或者更正,更正处应当加盖开出单位的公章。

第五十条 会计机构、会计人员要根据审核无误的原始凭证填制记账凭证。

记账凭证可以分为收款凭证、付款凭证和转账凭证,也可以使用通用记账凭证。

第五十一条 记账凭证的基本要求是:

(一)记账凭证的内容必须具备:填制凭证的日期;凭证编号;经济业务摘要;会计科目;金额;所附原始凭证张数;填制凭证人员、稽核人员、记账人员、会计机构负责人、会计主管人员签名或者盖章。收款和付款记账凭证还应当由出纳人员签名或者盖章。

以自制的原始凭证或者原始凭证汇总表代替记账凭证的,也必须具备记账凭证应有的项目。

(二)填制记账凭证时,应当对记账凭证进行连续编号。一笔经济业务需要填制两张以上记账凭证的,可以采用分数编号法编号。

(三)记账凭证可以根据每一张原始凭证填制,或者根据若干张同类原始凭证汇总填制,也可以根据原始凭证汇总表填制。但不得将不同内容和类别的原始凭证汇总填制在一张记账凭证上。

(四)除结账和更正错误的记账凭证可以不附原始凭证外,其他记账凭证必须附有原始凭证。如果一张原始凭证涉及几张记账凭证，可以把原始凭证附在一张主要的记账凭证后面，并在其他记账凭证上注明附有该原始凭证的记账凭证的编号或者附原始凭证复印件。

一张原始凭证所列支出需要几个单位共同负担的，应当将其他单位负担的部分，开给对方原始凭证分割单，进行结算。原始凭证分割单必须具备原始凭证的基本内容：凭证名称、填制凭证日期、填制凭证单位名称或者填制人姓名、经办人的签名或者盖章、接受凭证单位名称、经济业务内容、数量、单价、金额和费用分摊情况等。

（五）如果在填制记账凭证时发生错误，应当重新填制。

已经登记入账的记账凭证，在当年内发现填写错误时，可以用红字填写一张与原内容相同的记账凭证，在摘要栏注明"注销某月某日某号凭证"字样，同时再用蓝字重新填制一张正确的记账凭证，注明"订正某月某日某号凭证"字样。如果会计科目没有错误，只是金额错误，也可以将正确数字与错误数字之间的差额，另编一张调整的记账凭证，调增金额用蓝字，调减金额用红字。发现以前年度记账凭证有错误的，应当用蓝字填制一张更正的记账凭证。

（六）记账凭证填制完经济业务事项后，如有空行，应当自金额栏最后一笔金额数字下的空行处至合计数上的空行处划线注销。

第五十二条　填制会计凭证，字迹必须清晰、工整，并符合下列要求：

（一）阿拉伯数字应当一个一个地写，不得连笔写。阿拉伯金额数字前面应当书写货币币种符号或者货币名称简写和币种符号。币种符号与阿拉伯金额数字之间不得留有空白。凡阿拉伯数字前写有币种符号的，数字后面不再写货币单位。

（二）所有以元为单位（其他货币种类为货币基本单位，下同）的阿拉伯数字，除表示单价等情况外，一律填写到角分；无角分的，角位和分位可写"00"，或者符号"——"；有角无分的，分位应当写"0"，不得用符号"——"代替。

（三）汉字大写数字金额如零、壹、贰、叁、肆、伍、陆、柒、捌、玖、拾、佰、仟、万、亿等，一律用正楷或者行书体书写，不得用0、一、二、三、四、五、六、七、八、九、十等简化字代替，不得任意自造简化字。大写金额数字到元或者角为止的，在"元"或者"角"字之后应当写"整"字或者"正"字；大写金额数字有分的，分字后面不写"整"或者"正"字。

（四）大写金额数字前未印有货币名称的，应当加填货币名称，货币名称与金额数字之间不得留有空白。

（五）阿拉伯金额数字中间有"0"时，汉字大写金额要写"零"字；阿拉伯数字金额中间连续有几个"0"时，汉字大写金额中可以只写一个"零"字；阿拉伯金额数字元位是"0"，或者数字中间连续有几个"0"、元位也是"0"但角位不是"0"时，汉字大写金额可以只写一个"零"字，也可以不写"零"字。

第五十三条　实行会计电算化的单位，对于机制记账凭证，要认真审核，做到会计科目使用正确，数字准确无误。打印出的机制记账凭证要加盖制单人员、审核人员、记账人员及会计机构负责人、会计主管人员印章或者签字。

第五十四条　各单位会计凭证的传递程序应当科学、合理，具体办法由各单位根据会计业务需要自行规定。

第五十五条　会计机构、会计人员要妥善保管会计凭证。

（一）会计凭证应当及时传递，不得积压。

（二）会计凭证登记完毕后，应当按照分类和编号顺序保管，不得散乱丢失。

（三）记账凭证应当连同所附的原始凭证或者原始凭证汇总表，按照编号顺序，折叠整齐，按期装订成册，并加具封面，注明单位名称、年度、月份和起讫日期、凭证种类、起讫号码，由装订人在装订线封签外签名或者盖章。

对于数量过多的原始凭证，可以单独装订保管，在封面上注明记账凭证日期、编号、种类，同时在记账凭证上注明"附件另订"和原始凭证名称及编号。

各种经济合同、存出保证金收据以及涉外文件等重要原始凭证，应当另编目录，单独登记保管，并在有关的记账凭证和原始凭证上相互注明日期和编号。

（四）原始凭证不得外借，其他单位如因特殊原因需要使用原始凭证时，经本单位会计机构负责人、会计主管人员批准，可以复制。向外单位提供的原始凭证复制件，应当在专设的登记簿上登记，并由提供人员和收取人员共同签名或者盖章。

（五）从外单位取得的原始凭证如有遗失，应当取得原开出单位盖有公章的证明，并注明原来凭证的号码、金额和内容等，由经办单位会计机构负责人、会计主管人员和单位领导人批准后，才能代作原始凭证。如果确实无法取得证明的，如火车、轮船、飞机票等凭证，由当事人写出详细情况，由经办单位会计机构负责人、会计主管人员和单位领导人批准后，代作原始凭证。

第三节　登记会计账簿

第五十六条　各单位应当按照国家统一会计制度的规定和会计业务的需要设置会计账簿。会计账簿包括总账、明细账、日记账和其他辅助性账簿。

第五十七条　现金日记账和银行存款日记账必须采用订本式账簿。不得用银行对账单或者其他方法代替日记账。

第五十八条　实行会计电算化的单位，用计算机打印的会计账簿必须连续编号，经审核无误后装订成册，并由记账人员和会计机构负责人、会计主管人员签字或者盖章。

第五十九条　启用会计账簿时，应当在账簿封面上写明单位名称和账簿名称。在账簿扉页上应当附启用表，内容包括：启用日期、账簿页数、记账人员和会计机构负责人、会计主管人员姓名，并加盖名章和单位公章。记账人员或者会计机构负责人、会计主管人员调动工作时，应当注明交接日期、接办人员或者监交人员姓名，并由交接双方人员签名或者盖章。

启用订本式账簿，应当从第一页到最后一页顺序编定页数，不得跳页、缺号。使用活页式账页，应当按账户顺序编号，并须定期装订成册。装订后再按实际使用的账页顺序编定页码。另加目录，记明每个账户的名称和页次。

第六十条　会计人员应当根据审核无误的会计凭证登记会计账簿。登记账簿的基本要求是：

（一）登记会计账簿时，应当将会计凭证日期、编号、业务内容摘要、金额和其他有关资料逐项记入账内，做到数字准确、摘要清楚、登记及时、字迹工整。

（二）登记完毕后，要在记账凭证上签名或者盖章，并注明已经登账的符号，表示已经记账。

（三）账簿中书写的文字和数字上面要留有适当空格，不要写满格；一般应占格距的二分之一。

（四）登记账簿要用蓝黑墨水或者碳素墨水书写，不得使用圆珠笔（银行的复写账簿除外）或者铅笔书写。

（五）下列情况，可以用红色墨水记账：

1. 按照红字冲账的记账凭证，冲销错误记录；
2. 在不设借贷等栏的多栏式账页中，登记减少数；
3. 在三栏式账户的余额栏前，如未印明余额方向的，在余额栏内登记负数余额；
4. 根据国家统一会计制度的规定可以用红字登记的其他会计记录。

（六）各种账簿按页次顺序连续登记，不得跳行、隔页。如果发生跳行、隔页，应当将空行、空页划线注销，或者注明"此行空白""此页空白"字样，并由记账人员签名或者盖章。

（七）凡需要结出余额的账户，结出余额后，应当在"借或贷"等栏内写明"借"或者"贷"等字样；没有余额的账户，应当在"借或贷"等栏内写明"平"字，并在余额栏内用"θ"表示。

现金日记账和银行存款日记账必须逐日结出余额。

（八）每一账页登记完毕结转下页时，应当结出本页合计数及余额，写在本页最后一行和下页第一行有关栏内，并在摘要栏内注明"过次页"和"承前页"字样；也可以将本页合计数及金额只写在下页第一行有关栏内，并在摘要栏内注明"承前页"字样。

对需要结计本月发生额的账户，结计"过次页"的本页合计数应当为自本月初起至本页末止的发生额合计数；对需要结计本年累计发生额的账户，结计"过次页"的本页合计数应当为自年初起至本页末止的累计数；对既不需要结计本月发生额也不需要结计本年累计发生额的账户，可以只将每页末的余额结转次页。

第六十一条　实行会计电算化的单位，总账和明细账应当定期打印。

发生收款和付款业务的，在输入收款凭证和付款凭证的当天必须打印出现金日记账和银行存款日记账，并与库存现金核对无误。

第六十二条　账簿记录发生错误，不准涂改、挖补、刮擦或者用药水消除字迹，不准重新抄写，必须按照下列方法进行更正：

（一）登记账簿时发生错误，应当将错误的文字或者数字划红线注销，但必须使原有字迹仍可辨认；然后在划线上方填写正确的文字或者数字，并由记账人员在更正处盖章。对于错误的数字，应当全部划红线更正，不得只更正其中的错误数字。对于文字错误，可只划去错误的部分。

（二）由于记账凭证错误而使账簿记录发生错误，应当按更正的记账凭证登记账簿。

第六十三条　各单位应当定期对会计账簿记录的有关数字与库存实物、货币资金、有价证券、往来单位或者个人等进行相互核对，保证账证相符、账账相符、账实相符。对账工作每年至少进行一次。

（一）账证核对。核对会计账簿记录与原始凭证、记账凭证的时间、凭证字号、内容、金额是否一致，记账方向是否相符。

（二）账账核对。核对不同会计账簿之间的账簿记录是否相符，包括：总账有关账户的余额核对，总账与明细账核对，总账与日记账核对，会计部门的财产物资明细账与财产物资保管和使用部门的有关明细账核对等。

（三）账实核对。核对会计账簿记录与财产等实有数额是否相符。包括：现金日记账账面余额与现金实际库存数相核对；银行存款日记账账面余额定期与银行对账单相核对；各种财物明细账账面余额与财物实存数额相核对；各种应收、应付款明细账账面余额与有关债务、债权单位或者个人核对等。

第六十四条　各单位应当按照规定定期结账。

（一）结账前，必须将本期内所发生的各项经济业务全部登记入账。

（二）结账时，应当结出每个账户的期末余额。需要结出当月发生额的，应当在摘要栏内注明"本月合计"字样，并在下面通栏划单红线。需要结出本年累计发生额的，应当在摘要栏内注明"本年累计"字样，并在下面通栏划单红线；12月末的"本年累计"就是全年累计发生额。全年累计发生额下面应当通栏划双红线。年度终了结账时，所有总账账户都应当结出全年发生额和年末余额。

（三）年度终了，要把各账户的余额结转到下一会计年度，并在摘要栏注明"结转下年"字样；在下一会计年度新建有关会计账簿的第一行余额栏内填写上年结转的余额，并在摘要栏注明"上年结转"字样。

第四节　编制财务报告

第六十五条　各单位必须按照国家统一会计制度的规定，定期编制财务报告。

财务报告包括会计报表及其说明。会计报表包括会计报表主表、会计报表附表、会计报表附注。

第六十六条　各单位对外报送的财务报告应当根据国家统一会计制度规定的格式和要求编制。

单位内部使用的财务报告，其格式和要求由各单位自行规定。

第六十七条　会计报表应当根据登记完整、核对无误的会计账簿记录和其他有关资料编制，做到数字真实、计算准确、内容完整、说明清楚。

任何人不得篡改或者授意、指使、强令他人篡改会计报表的有关数字。

第六十八条　会计报表之间、会计报表各项目之间，凡有对应关系的数字，应当相互一致。本期会计报表与上期会计报表之间有关的数字应当相互衔接。如果不同会计年度会计报表中各项目的内容和核算方法有变更的，应当在年度会计报表中加以说明。

第六十九条　各单位应当按照国家统一会计制度的规定认真编写会计报表附注及其说明，做到项目齐全，内容完整。

第七十条　各单位应当按照国家规定的期限对外报送财务报告。

对外报送的财务报告，应当依次编写页码，加具封面，装订成册，加盖公章。封面上应当注明：单位名称，单位地址，财务报告所属年度、季度、月度，送出日期，并由单位

财会技能实训

领导人、总会计师、会计机构负责人、会计主管人员签名或者盖章。

单位领导人对财务报告的合法性、真实性负法律责任。

第七十一条　根据法律和国家有关规定应当对财务报告进行审计的,财务报告编制单位应当先行委托注册会计师进行审计,并将注册会计师出具的审计报告随同财务报告按照规定的期限报送有关部门。

第七十二条　如果发现对外报送的财务报告有错误,应当及时办理更正手续。除更正本单位留存的财务报告外,并应同时通知接受财务报告的单位更正。错误较多的,应当重新编报。

第四章　会计监督

第七十三条　各单位的会计机构、会计人员对本单位的经济活动进行会计监督。

第七十四条　会计机构、会计人员进行会计监督的依据是:

(一)财经法律、法规、规章;

(二)会计法律、法规和国家统一会计制度;

(三)各省、自治区、直辖市财政厅(局)和国务院业务主管部门根据《中华人民共和国会计法》和国家统一会计制度制定的具体实施办法或者补充规定;

(四)各单位根据《中华人民共和国会计法》和国家统一会计制度制定的单位内部会计管理制度;

(五)各单位内部的预算、财务计划、经济计划、业务计划等。

第七十五条　会计机构、会计人员应当对原始凭证进行审核和监督。

对不真实、不合法的原始凭证,不予受理。对弄虚作假、严重违法的原始凭证,在不予受理的同时,应当予以扣留,并及时向单位领导人报告,请求查明原因,追究当事人的责任。

对记载不准确、不完整的原始凭证,予以退回,要求经办人员更正、补充。

第七十六条　会计机构、会计人员对伪造、变造、故意毁灭会计账簿或者账外设账行为,应当制止和纠正;制止和纠正无效的,应当向上级主管单位报告,请求作出处理。

第七十七条　会计机构、会计人员应当对实物、款项进行监督,督促建立并严格执行财产清查制度。发现账簿记录与实物、款项不符时,应当按照国家有关规定进行处理。超出会计机构、会计人员职权范围的,应当立即向本单位领导报告,请求查明原因,作出处理。

第七十八条　会计机构、会计人员对指使、强令编造、篡改财务报告行为,应当制止和纠正;制止和纠正无效的,应当向上级主管单位报告,请求处理。

第七十九条　会计机构、会计人员应当对财务收支进行监督。

(一)对审批手续不全的财务收支,应当退回,要求补充、更正。

(二)对违反规定不纳入单位统一会计核算的财务收支,应当制止和纠正。

(三)对违反国家统一的财政、财务、会计制度规定的财务收支,不予办理。

(四)对认为是违反国家统一的财政、财务、会计制度规定的财务收支,应当制止和纠正;制止和纠正无效的,应当向单位领导人提出书面意见请求处理。

单位领导人应当在接到书面意见起十日内作出书面决定,并对决定承担责任。

(五)对违反国家统一的财政、财务、会计制度规定的财务收支,不予制止和纠正,又不向单位领导人提出书面意见的,也应当承担责任。

(六)对严重违反国家利益和社会公众利益的财务收支,应当向主管单位或者财政、审计、税务机关报告。

第八十条 会计机构、会计人员对违反单位内部会计管理制度的经济活动,应当制止和纠正;制止和纠正无效的,向单位领导人报告,请求处理。

第八十一条 会计机构、会计人员应当对单位制定的预算、财务计划、经济计划、业务计划的执行情况进行监督。

第八十二条 各单位必须依照法律和国家有关规定接受财政、审计、税务等机关的监督,如实提供会计凭证、会计账簿、会计报表和其他会计资料以及有关情况、不得拒绝、隐匿、谎报。

第八十三条 按照法律规定应当委托注册会计师进行审计的单位,应当委托注册会计师进行审计,并配合注册会计师的工作,如实提供会计凭证、会计账簿、会计报表和其他会计资料以及有关情况,不得拒绝、隐匿、谎报,不得示意注册会计师出具不当的审计报告。

第五章 内部会计管理制度

第八十四条 各单位应当根据《中华人民共和国会计法》和国家统一会计制度的规定,结合单位类型和内容管理的需要,建立健全相应的内部会计管理制度。

第八十五条 各单位制定内部会计管理制度应当遵循下列原则:

(一)应当执行法律、法规和国家统一的财务会计制度。

(二)应当体现本单位的生产经营、业务管理的特点和要求。

(三)应当全面规范本单位的各项会计工作,建立健全会计基础,保证会计工作的有序进行。

(四)应当科学、合理,便于操作和执行。

(五)应当定期检查执行情况。

(六)应当根据管理需要和执行中的问题不断完善。

第八十六条 各单位应当建立内部会计管理体系。主要内容包括:单位领导人、总会计师对会计工作的领导职责;会计部门及其会计机构负责人、会计主管人员的职责、权限;会计部门与其他职能部门的关系;会计核算的组织形式等。

第八十七条 各单位应当建立会计人员岗位责任制度。主要内容包括:会计人员的工作岗位设置;各会计工作岗位的职责和标准;各会计工作岗位的人员和具体分工;会计工作岗位轮换办法;对各会计工作岗位的考核办法。

第八十八条 各单位应当建立账务处理程序制度。主要内容包括:会计科目及其明细科目的设置和使用;会计凭证的格式、审核要求和传递程序;会计核算方法;会计账簿的设置;编制会计报表的种类和要求;单位会计指标体系。

第八十九条 各单位应当建立内部牵制制度。主要内容包括:内部牵制制度的原则;

组织分工；出纳岗位的职责和限制条件；有关岗位的职责和权限。

第九十条　各单位应当建立稽核制度。主要内容包括：稽核工作的组织形式和具体分工；稽核工作的职责、权限；审核会计凭证和复核会计账簿、会计报表的方法。

第九十一条　各单位应当建立原始记录管理制度。主要内容包括：原始记录的内容和填制方法；原始记录的格式；原始记录的审核；原始记录填制人的责任；原始记录签署、传递、汇集要求。

第九十二条　各单位应当建立定额管理制度。主要内容包括：定额管理的范围；制定和修订定额的依据、程序和方法；定额的执行；定额考核和奖惩办法等。

第九十三条　各单位应当建立计量验收制度。主要内容包括：计量检测手段和方法；计量验收管理的要求；计量验收人员的责任和奖惩办法。

第九十四条　各单位应当建立财产清查制度。主要内容包括：财产清查的范围；财产清查的组织；财产清查的期限和方法；对财产清查中发现问题的处理办法；对财产管理人员的奖惩办法。

第九十五条　各单位应当建立财务收支审批制度。主要内容包括：财务收支审批人员和审批权限；财务收支审批程序；财务收支审批人员的责任。

第九十六条　实行成本核算的单位应当建立成本核算制度。主要内容包括：成本核算的对象；成本核算的方法和程序；成本分析等。

第九十七条　各单位应当建立财务会计分析制度。主要内容包括：财务会计分析的主要内容；财务会计分析的基本要求和组织程序；财务会计分析的具体方法；财务会计分析报告的编写要求等。

第六章　附则

第九十八条　本规范所称国家统一会计制度，是指由财政部制定，或者财政部与国务院有关部门联合制定，或者经财政部审核批准的在全国范围内统一执行的会计规章、准则、办法等规范性文件。

本规范所称会计主管人员，是指不设置会计机构、只在其他机构中设置专职会计人员的单位行使会计机构负责人职权的人员。

本规范第三章第二节和第三节关于填制会计凭证、登记会计账簿的规定，除特别指出外，一般适用于手工记账。实行会计电算化的单位，填制会计凭证和登记会计账簿的有关要求，应当符合财政部关于会计电算化的有关规定。

第九十九条　各省、自治区、直辖市财政厅（局）、国务院各业务主管部门可以根据本规范的原则，结合本地区、本部门的具体情况，制定具体实施办法，报财政部备案。

第一百条　本规范由财政部负责解释、修改。

第一百〇一条　本规范自公布之日起实施。1984 年 4 月 24 日财政部发布的《会计人员工作规则》同时废止。

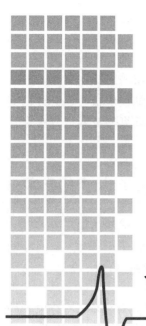

附录 3

会计档案管理办法

第一条 为了加强会计档案管理,有效保护和利用会计档案,根据《中华人民共和国会计法》《中华人民共和国档案法》等有关法律和行政法规制定本办法。

第二条 国家机关、社会团体、企业、事业单位和其他组织(以下统称单位)管理会计档案适用本办法。

第三条 本办法所称会计档案是指单位在进行会计核算等过程中接收或形成的,记录和反映单位经济业务事项的,具有保存价值的文字、图表等各种形式的会计资料,包括通过计算机等电子设备形成、传输和存储的电子会计档案。

第四条 财政部和国家档案局主管全国会计档案工作,共同制定全国统一的会计档案工作制度,对全国会计档案工作实行监督和指导。

县级以上地方人民政府财政部门和档案行政管理部门管理本行政区域内的会计档案工作,并对本行政区域内会计档案工作实行监督和指导。

第五条 单位应当加强会计档案管理工作,建立和完善会计档案的收集、整理、保管、利用和鉴定销毁等管理制度,采取可靠的安全防护技术和措施,保证会计档案的真实、完整、可用、安全。

单位的档案机构或者档案工作人员所属机构(以下统称单位档案管理机构)负责管理本单位的会计档案。单位也可以委托具备档案管理条件的机构代为管理会计档案。

第六条 下列会计资料应当进行归档:

(一)会计凭证,包括原始凭证、记账凭证。

（二）会计账簿，包括总账、明细账、日记账、固定资产卡片及其他辅助性账簿。

（三）财务会计报告，包括月度、季度、半年度、年度财务会计报告。

（四）其他会计资料，包括银行存款余额调节表、银行对账单、纳税申报表、会计档案移交清册、会计档案保管清册、会计档案销毁清册、会计档案鉴定意见书及其他具有保存价值的会计资料。

第七条　单位可以利用计算机、网络通信等信息技术手段管理会计档案。

第八条　同时满足下列条件的，单位内部形成的属于归档范围的电子会计资料可仅以电子形式保存，形成电子会计档案：

（一）形成的电子会计资料来源真实有效，由计算机等电子设备形成和传输。

（二）使用的会计核算系统能够准确、完整、有效接收和读取电子会计资料，能够输出符合国家标准归档格式的会计凭证、会计账簿、财务会计报表等会计资料，设定了经办、审核、审批等必要的审签程序。

（三）使用的电子档案管理系统能够有效接收、管理、利用电子会计档案，符合电子档案的长期保管要求，并建立了电子会计档案与相关联的其他纸质会计档案的检索关系。

（四）采取有效措施，防止电子会计档案被篡改。

（五）建立电子会计档案备份制度，能够有效防范自然灾害、意外事故和人为破坏的影响。

（六）形成的电子会计资料不属于具有永久保存价值或者其他重要保存价值的会计档案。

第九条　满足本办法第八条规定条件，单位从外部接收的电子会计资料附有符合《中华人民共和国电子签名法》规定的电子签名的，可仅以电子形式归档保存，形成电子会计档案。

第十条　单位的会计机构或会计人员所属机构（以下统称单位会计管理机构）按照归档范围和归档要求，负责定期将应当归档的会计资料整理立卷，编制会计档案保管清册。

第十一条　当年形成的会计档案，在会计年度终了后，可由单位会计管理机构临时保管一年，再移交单位档案管理机构保管。因工作需要确需推迟移交的，应当经单位档案管理机构同意。

单位会计管理机构临时保管会计档案最长不超过三年。临时保管期间，会计档案的保管应当符合国家档案管理的有关规定，且出纳人员不得兼管会计档案。

第十二条　单位会计管理机构在办理会计档案移交时，应当编制会计档案移交清册，并按照国家档案管理的有关规定办理移交手续。

纸质会计档案移交时应当保持原卷的封装。电子会计档案移交时应当将电子会计档案及其元数据一并移交，且文件格式应当符合国家档案管理的有关规定。特殊格式的电子会计档案应当与其读取平台一并移交。

单位档案管理机构接收电子会计档案时，应当对电子会计档案的准确性、完整性、可用性、安全性进行检测，符合要求的才能接收。

第十三条　单位应当严格按照相关制度利用会计档案，在进行会计档案查阅、复制、借出时履行登记手续，严禁篡改和损坏。

单位保存的会计档案一般不得对外借出。确因工作需要且根据国家有关规定必须借出的，应当严格按照规定办理相关手续。

会计档案借用单位应当妥善保管和利用借入的会计档案，确保借入会计档案的安全完整，并在规定时间内归还。

第十四条 会计档案的保管期限分为永久、定期两类。定期保管期限一般分为10年和30年。

会计档案的保管期限，从会计年度终了后的第一天算起。

第十五条 各类会计档案的保管期限原则上应当按照本办法附表执行，本办法规定的会计档案保管期限为最低保管期限。

单位会计档案的具体名称如有同本办法附表所列档案名称不相符的，应当比照类似档案的保管期限办理。

第十六条 单位应当定期对已到保管期限的会计档案进行鉴定，并形成会计档案鉴定意见书。经鉴定，仍需继续保存的会计档案，应当重新划定保管期限；对保管期满，确无保存价值的会计档案，可以销毁。

第十七条 会计档案鉴定工作应当由单位档案管理机构牵头，组织单位会计、审计、纪检监察等机构或人员共同进行。

第十八条 经鉴定可以销毁的会计档案，应当按照以下程序销毁：

（一）单位档案管理机构编制会计档案销毁清册，列明拟销毁会计档案的名称、卷号、册数、起止年度、档案编号、应保管期限、已保管期限和销毁时间等内容。

（二）单位负责人、档案管理机构负责人、会计管理机构负责人、档案管理机构经办人、会计管理机构经办人在会计档案销毁清册上签署意见。

（三）单位档案管理机构负责组织会计档案销毁工作，并与会计管理机构共同派员监销。监销人在会计档案销毁前，应当按照会计档案销毁清册所列内容进行清点核对；在会计档案销毁后，应当在会计档案销毁清册上签名或盖章。

电子会计档案的销毁还应当符合国家有关电子档案的规定，并由单位档案管理机构、会计管理机构和信息系统管理机构共同派员监销。

第十九条 保管期满但未结清的债权债务会计凭证和涉及其他未了事项的会计凭证不得销毁，纸质会计档案应当单独抽出立卷，电子会计档案单独转存，保管到未了事项完结时为止。

单独抽出立卷或转存的会计档案，应当在会计档案鉴定意见书、会计档案销毁清册和会计档案保管清册中列明。

第二十条 单位因撤销、解散、破产或其他原因而终止的，在终止或办理注销登记手续之前形成的会计档案，按照国家档案管理的有关规定处置。

第二十一条 单位分立后原单位存续的，其会计档案应当由分立后的存续方统一保管，其他方可以查阅、复制与其业务相关的会计档案。

单位分立后原单位解散的，其会计档案应当经各方协商后由其中一方代管或按照国家档案管理的有关规定处置，各方可以查阅、复制与其业务相关的会计档案。

单位分立中未结清的会计事项所涉及的会计凭证，应当单独抽出由业务相关方保存，并按照规定办理交接手续。

单位因业务移交其他单位办理所涉及的会计档案，应当由原单位保管，承接业务单位可以查阅、复制与其业务相关的会计档案。对其中未结清的会计事项所涉及的会计凭证，应当单独抽出由承接业务单位保存，并按照规定办理交接手续。

第二十二条 单位合并后原各单位解散或者一方存续其他方解散的，原各单位的会计档案应当由合并后的单位统一保管。单位合并后原各单位仍存续的，其会计档案仍应当由原各单位保管。

第二十三条 建设单位在项目建设期间形成的会计档案，需要移交给建设项目接受单位的，应当在办理竣工财务决算后及时移交，并按照规定办理交接手续。

第二十四条 单位之间交接会计档案时，交接双方应当办理会计档案交接手续。

移交会计档案的单位，应当编制会计档案移交清册，列明应当移交的会计档案名称、卷号、册数、起止年度、档案编号、应保管期限和已保管期限等内容。

交接会计档案时，交接双方应当按照会计档案移交清册所列内容逐项交接，并由交接双方的单位有关负责人负责监督。交接完毕后，交接双方经办人和监督人应当在会计档案移交清册上签名或盖章。

电子会计档案应当与其元数据一并移交，特殊格式的电子会计档案应当与其读取平台一并移交。档案接受单位应当对保存电子会计档案的载体及其技术环境进行检验，确保所接收电子会计档案的准确、完整、可用和安全。

第二十五条 单位的会计档案及其复制件需要携带、寄运或者传输至境外的，应当按照国家有关规定执行。

第二十六条 单位委托中介机构代理记账的，应当在签订的书面委托合同中，明确会计档案的管理要求及相应责任。

第二十七条 违反本办法规定的单位和个人，由县级以上人民政府财政部门、档案行政管理部门依据《中华人民共和国会计法》《中华人民共和国档案法》等法律法规处理处罚。

第二十八条 预算、计划、制度等文件材料，应当执行文书档案管理规定，不适用本办法。

第二十九条 不具备设立档案机构或配备档案工作人员条件的单位和依法建账的个体工商户，其会计档案的收集、整理、保管、利用和鉴定销毁等参照本办法执行。

第三十条 各省、自治区、直辖市、计划单列市人民政府财政部门、档案行政管理部门，新疆生产建设兵团财务局、档案局，国务院各业务主管部门，中国人民解放军总后勤部，可以根据本办法制定具体实施办法。

第三十一条 本办法由财政部、国家档案局负责解释，自 2016 年 1 月 1 日起施行。1998 年 8 月 21 日财政部、国家档案局发布的《会计档案管理办法》（财会字〔1998〕32 号）同时废止。

附表1

企业和其他组织会计档案保管期限表

序号	档案名称	保管期限	备注
一	会计凭证		
1	原始凭证	30年	
2	记账凭证	30年	
二	会计账簿		
3	总账	30年	
4	明细账	30年	
5	日记账	30年	
6	固定资产卡片		固定资产报废清理后保管5年
7	其他辅助性账簿	30年	
三	财务会计报告		
8	月度、季度、半年度财务会计报告	10年	
9	年度财务会计报告	永久	
四	其他会计资料		
10	银行存款余额调节表	10年	
11	银行对账单	10年	
12	纳税申报表	10年	
13	会计档案移交清册	30年	
14	会计档案保管清册	永久	
15	会计档案销毁清册	永久	
16	会计档案鉴定意见书	永久	

附表2

财政总预算、行政单位、事业单位和税收会计档案保管期限表

| 序号 | 档案名称 | 保管期限 | | | 备注 |
		财政总预算	行政单位 事业单位	税收会计	
一	会计凭证				
1	国家金库编送的各种报表及缴库退库凭证	10年		10年	
2	各收入机关编送的报表	10年			
3	行政单位和事业单位的各种会计凭证		30年		包括：原始凭证、记账凭证和传票汇总表
4	财政总预算拨款凭证和其他会计凭证	30年			包括：拨款凭证和其他会计凭证
二	会计账簿				
5	日记账		30年	30年	

续表

序号	档案名称	保管期限			备注
		财政总预算	行政单位事业单位	税收会计	
6	总账	30年	30年	30年	
7	税收日记账（总账）			30年	
8	明细分类、分户账或登记簿	30年	30年	30年	
9	行政单位和事业单位固定资产卡片				固定资产报废清理后保管5年
三	财务会计报告				
10	政府综合财务报告	永久			下级财政、本级部门和单位报送的保管2年
11	部门财务报告		永久		所属单位报送的保管2年
12	财政总决算	永久			下级财政、本级部门和单位报送的保管2年
13	部门决算		永久		所属单位报送的保管2年
14	税收年报（决算）			永久	
15	国家金库年报（决算）	10年			
16	基本建设拨、贷款年报（决算）	10年			
17	行政单位和事业单位会计月、季度报表		10年		所属单位报送的保管2年
18	税收会计报表			10年	所属税务机关报送的保管2年
四	其他会计资料				
19	银行存款余额调节表	10年	10年		
20	银行对账单	10年	10年	10年	
21	会计档案移交清册	30年	30年	30年	
22	会计档案保管清册	永久	永久	永久	
23	会计档案销毁清册	永久	永久	永久	
24	会计档案鉴定意见书	永久	永久	永久	

注：税务机关的税务经费会计档案保管期限，按行政单位会计档案保管期限规定办理。

参考文献

[1] 温亚丽 . 会计主管操作实务：建制、建账、核算、管理 [M]. 北京：企业管理出版社，2006.

[2] 贺志东 . 新会计准则释疑 [M]. 北京：机械工业出版，2008.

[3] 企业会计准则编审委员会 . 企业会计准则案例讲解 [M]. 上海：立信会计出版社，2014.

[4] ATEP 项目组 . 出纳实操 [M]. 北京：清华大学出版社，2013.

[5] 中华会计网校 . 会计基础工作规范应用指南 [M]. 上海：上海交通大学出版社，2010.

[6] 中国人民银行支付结算司 . 中国支付结算制度汇编 [G]. 北京：中国长安出版社，2009.

[7] 黄世忠 . 财务报表分析——理论、框架、方法与案例 [M]. 北京：中国财政经济出版社，2007.